新教师职业发展丛书

XINJIAOSHI
ZHIYE FAZHAN
CONGSHU

做身边的研究

本书编写组◎编
王光霞◎编著

ZUO SHENBIAN DE YANJIU

高素质的教师不仅应该是有知识、有学问的人，而且还必须是有道德、有理想、有专业追求的人，不仅是高起点的人，而且是终身学习、不断超越自我的人；不仅是专业学科领域的专家，而且是教育科学的专家。

世界图书出版公司
广州·北京·上海·西安

图书在版编目（CIP）数据

做身边的研究/《做身边的研究》编写组编. —广
州：广东世界图书出版公司，2010. 4（2024.2 重印）
ISBN 978 - 7 - 5100 - 2015 - 5

Ⅰ．①做…　Ⅱ．①做…　Ⅲ．①师资培养 - 研究　Ⅳ．
①G451. 2

中国版本图书馆 CIP 数据核字（2010）第 050008 号

书　　名	做身边的研究
	ZUO SHEN BIAN DE YAN JIU
编　　者	《做身边的研究》编写组
责任编辑	王　琴
装帧设计	三棵树设计工作组
出版发行	世界图书出版有限公司　世界图书出版广东有限公司
地　　址	广州市海珠区新港西路大江冲 25 号
邮　　编	510300
电　　话	020-84452179
网　　址	http://www.gdst.com.cn
邮　　箱	wpc_gdst@163.com
经　　销	新华书店
印　　刷	唐山富达印务有限公司
开　　本	787mm×1092mm　1/16
印　　张	13
字　　数	160 千字
版　　次	2010 年 4 月第 1 版　2024 年 2 月第 4 次印刷
国际书号	ISBN　978-7-5100-2015-5
定　　价	59.80 元

光辉书房新知文库
"教师职业发展"丛书编委会

"光辉书房新知文库"

总策划/总主编:石 恢

副总主编:王利群 方 圆

本书作者

王光霞

序：教师职业发展的终生要求

20 世纪 60 年代中期以来，许多国家对教师"量"的急需逐渐被提高教师"质"的需求所代替，对教师素质的关注达到了前所未有的程度。进入本世纪以后，教师专业化已经成为世界性的潮流。高质量的教师不仅被要求是有知识、有学问的人，而且还必须是有道德、有理想、有专业追求的人；不仅是高起点的人，而且是终身学习、不断自我更新的人；不仅是专业学科领域的专家，而且是教育科学的专家。

教师这个职业尽管非常普通，但却又具有非常特殊的意义。

首先，教师这个职业所面临的对象，是活生生的人，而不是无生命的物质，是正在成长中的儿童青少年。教师的职责就在于，把未成年人培养成为社会所需要的、有鲜明个性的人才。虽然以人为工作对象的职业很多，比如医生、律师等，但他们服务的时间很短，服务内容也很有限。可是教师不一样，他的工作对象众多，服务时间相对较长，服务内容广泛、全面。

其次，教师以自身作为教育手段来实施教育。教师自己的知识、经验、人格、素养，就是对学生进行教育的材料，更是教育学生的手段，离开了教师这一最生动的教育手段，其他的手段，即便再先进，其教育的效果也要大打折扣。古往今来，对教师这一职业都具有双重的要求，即"教书育人"。孔子十分重视师德修养，他说："其身正，不令而行。其身不正，虽令不从""不能正其身，如何正人？"随着社会的发展，教师不仅要"传道、授业、解惑"，而且要"身正垂范"。教师的言传身教对学生的学习、品德和行为的发展起着重要的作用。换句话说，教师是学生最直接的学习与生活的模范和榜样。一个优秀的教师往往是学生崇拜和模仿的对象，他的思想、品行、情感、意志力、人格特征对学生会产生潜移默化的影响，甚至直接影响学生将来的发展。

再次，教师担任学生保健医生的角色。目前，素质教育要求全面提高学生的思想道德、文化科学、劳动技能和身体心理素质，促进学生全面健康地发展。而在学生的整体素质中，心理素质本身占有重要的地位，心理素质的好坏影响着其他素质的发展和提高。因此，教师作为教育活动的组织者和实施者，还担负着学生心理健康教育的重任。

最后，教师是一个需要终身发展的职业。随着社会的发展，特别是科学技术与信息技术的迅猛发展，教师职业将处于不断变化和发展之中，那种一旦成为教师就可以一劳永逸的思想与时代的发展越来越不相吻合，教师职业已经成为终身发展的过程，社会的发展需要教师不断地自我更新知识。教育家吕型伟曾说过："教育是事业，事业的意义在于献身；教育是科学，科学的价值在于求真；教育是艺术，艺术的生命在于创新"。他的这番话道出了教师职业终身发展过程的本质。

总之，教师要合格地履行自己的专业角色，就必须具备良好的专业品质和素养，关注自己的职业发展。抓住机遇，迎接挑战，是每一位教师必须面对的重要问题！

本丛书编委会

Contents 目 录

序章　做研究型的教师

我们所处的时代对于教师的要求明显提高了，一个合格的教师再也不能局限于做个教书匠，成功的教师则追求更多。

在现代学校中，教师不仅是单个的教育工作者，而且是公共教育机构或私人教育团体的成员之一。这就要求教师成为研究型的教师，直接介入到提高时代教育水准的行列中来，积极参与专业经验的交流和行业智慧的分享。教师必须要做研究，即便没有参与到所谓宏大叙事的研究，至少也要做身边的研究。

总体来说，本书所要论述的教师身边的研究，其意义要宽泛得多，其成果也不局限于教育教学论文的发表，而更多的体现在教师对自己所从事职业的体认以及对自身所处行业的关照。比如，教师要研究教师与学生的关系，要研究课堂授课，要研究班级管理，要研究教师与家长的关系，要研究自身成长和经验分享等方面题目，并通过研究把自己变成教育教学的行家里手。

第一节　教而不学则殆

这个标题也可以换作"教而不研则殆"。之所以没换，是因为看到这个句式，读者很容易就联想到孔子的那句"学而不思则罔，思而不学则殆"。在那句话中"学"即了解、知会，"思"是思考，是琢磨。而根据汉语的修辞惯例来说，孔子的句子用了"互文"的手法，所谓"学而思"、"思而学"，缺一不可。而一般译作"学习、求学"的英语单词"study"，也同样包含有"研究、用功"的意思，强调深入系统地学习，其学习对象往往是科学、艺术和需要深入探讨研究的问题及学科，而不是单纯地获得技巧。

相对于学生的"学"和"思"，教师同样需要"即教即学"、"即教即研究"，需要通过教育教学研究来促进和改善自己的教学水平和时代的教育水准。换句话说就是，教师不仅要会传道授业、答疑解惑，还要研究如何更好更有效率地传道授业、答疑解惑，甚而研究什么才是正道、正业，怎样才能抵达正道。就本书的主旨而言，我们提倡教师"教而思"，"教而学"，"教而研究"，而不是因为"教而罔，教而殆"终而落后于同行和时代的脚步。这一点也是教师的职业特点所决定的。

教师不仅要教给学生那些关于过去的知识，更应该培养孩子们把控未来的能力。在这个过程中，教师自身首先应该具备相关的知识和能力。而这样的知识和能力是随着时代的变迁而不断更新变化着的，要掌握它，就需要不断学习。光被动学习还不够，还要通过主动深入的研究去把握和验证。

所以说，教师的工作不简单。教师并非机械的进出课堂，就算完成任务。如果不参与学习，不参与研究，这样的教师很难想象他会成为优秀的教师。而那些把学习和研究当成教育生涯重要组成部分的教师，则更能体会学习和研究带给自己的职业成长性和工作乐趣，即所谓"磨刀不误砍柴工"。作为教师，自己的专业就是进行教育教学活动，终身学习是我们的宗旨。如果教师没有进取之心，就只能成为被时代所抛弃的落后分子。

教而不学的教师，体会不到学习的乐趣

热爱学习的人，以吸取知识作为乐趣，学习的过程是充实自我的过程，边学习边探索，当知识填补了自己在某些思想领域的空白的时候，一定是充实而快乐的；当知识是经过自己探索才得到的时候，会收获一种攻克难关的成就感，这种成就感完全是心灵层次的快感，是不言而喻的，也是不能在空间传递的，是个人独享的快乐。而不管哪种学习，有所得即是收获，有几个人面对收获还愁眉苦脸？因此，学习是快乐的，会学习的人是快乐的学习。而不思学习的教师，工作一成不变，他们根本体会不到学习的快乐。

教而不学的教师，看不到与别人的差距

常年不学习，靠自己数年前掌握的那点知识组织自己的教学，以为自己已经尽其所能了，往往对自己很满意。却不知道如果学习，会有不同的效果。这样的人会一叶障目，不但看不到自己的不足，也看不到别人的优点，更看不到自己与别人的差距。没有差距感便加重了自满情绪，在课堂上依旧信心十足，其实自己的知识和教育

方法已经陈旧。不走出去，更不会去看看别人的变化。因为不学习，所以也会不知道自己已经跟不上时代的步伐，致使差距会越来越大。不学习是一种悲哀，而不知道自己已经落后更令人无奈。

教而不学的教师，不懂得谦虚

最初是因为不懂得谦虚而不愿学习，到了后来，便因为不去学习而更加不谦虚。这是因为长期的因循守旧形成的一种思维定式。多年的教学工作，以为对本专业的知识掌握得很透彻，对教材很熟悉，即使课改后教材有了稍许变化，自己也能自如应付，所以愈加觉得不用再学习了。如果是多年的老教师，常常会受到新教师的敬重，有许多学校还开展"老带新"活动，更增加了其自满情绪，就真的以为不用再学习了。因此，当有一些学习机会时，他就不会去珍惜。早把"谦受益，满招损"丢之脑后。

教而不学的教师，听不得同事的意见

只教不学的教师都因循守旧，许多新思想、新理念在他们看来，多少都有点哗众取宠的意味，当同事就教学当中某些问题与其探讨的时候，他们往往表现为不屑和漠然。即使那些意见很中肯，但是抵触情绪在先，他也不会认真考虑。更有甚者，明知道他人所提建议是合理的，但是基于自己的一贯作风，也一并否决。还有的人经常说：我这样就很好。把好心帮助他的人挡在门外。这样的态度如果不是某件事触动他的心灵，相信在离开自己岗位之前，也不会改变自己的执拗。而这样性格形成以后，同事们对其有了一定的了解，没有人再会忠言逆耳。势必让其加深对自己能力的误断，更加斩断

了学习的想法。

教而不学的教师，不善于独立思考

教师的工作有循规蹈矩的性质，如果不及时更新自己的教学理念，不丰富自己的现代教学方法，就真的变成了录音的再放。头脑没有新的源泉的注入，长期处于照本宣科的休眠状态，很少去主动思考有关教学的问题，更不会考虑怎样把先进的教学理念应用于实践当中。如果在这时出现了需要教师独立完成的科研项目，这样的教师便很难胜任，不单单因为他们没有先进的教学理论武装头脑，更因为他们已经不善于独立思考。

教而不学的教师，教学水平不易提高

新课改要求教师以全新的教学理念来教导学生，课程越来越关注人文教育与实际学习能力、生活能力的培养。就学生来说，他们受时代大潮的冲击，懂得的社会知识更多，接触的知识面更广，如果教师不学习，根本无法满足学生的学习要求。当别人飞速进步的时候，如果你止步不前，其实就是另一种形式的落后，更何况自身知识已经不足以教导现代的学生。

因此，这样的教师已经无力胜任高要求的教学工作，教学水平也不易再有大程度的提高。

教而不学的教师，不能做学生的表率

教师本身就是一面旗帜，教师的学识与能力都展现在学生面前。

对于出色的教师，学生会充满崇拜之情，同样，对水平欠佳的教师，学生也不会隐藏自己的不满。教师的行为对学生的发展有引领作用，对他们一生的习惯都有所影响。优秀的教师，他的美好品质在无形中会感染学生。那么，不思进取的教师留给学生的是什么印象呢？无非是得过且过的消极人生态度，这样的教师是任何时代都不受欢迎的教师，这样的教师做不了学生的表率和榜样，更不会受到学生的喜爱。

教而不学的教师，容易产生嫉妒心理

因为本身的只教不学，数十年如一日的知识积淀，给自己教学工作的进展带来了停滞。而其他人的辛勤付出也必定获得回报。新理念的指导、新知识的教授、新方法的应用，必定使其工作得到可喜的成绩。而不思进取的人在看到别人成绩的同时，首先想到的不是自己落后的原因，往往是心生嫉妒。因为看不清问题的实质，所以依然不会努力提高业务素质，却是在今后的工作中加倍使用自己的蛮力。苦了自己，也苦了学生，还有碍于同事间的和谐关系，更不用说团队协作了。

教而不学的教师，会越来越懒惰

每个人都有一定的生活和工作学习的习惯，习惯学习的人，把学习当作快乐；厌恶学习的人，把学习当成负担。而长期的不学习，便不愿再捧起书本，明日歌中写到：明日复明日，明日何其多！日日待明日，万事成蹉跎。正是因为有无数明日复明日之人，才有许多被蹉跎的岁月。在蹉跎岁月中生活的人，培养出的是懒惰的习惯。

如此循环，只教不学的教师，会被同行们落得更远。

教而不学的教师，缺少对工作的热情

因为缺少对工作的热情，所以教只是被动的教，更不会主动去探索。而只教不学习的教师，在教学专业上没有长足的进步，懈怠的情绪反之会对工作产生消极影响，使工作的热情逐渐下降。没有了奋斗的激情，生活中会缺少靓丽情趣；没有了学习的激情，工作中便缺少了许多主动进取。爱学习的人往往是热爱生活的人，爱钻研的人往往是积极工作的人。所以看来，只有热爱学习，才能更加热爱我们的工作与生活，而这种热爱，才能让生活更有意义、更丰富多彩。既然这个工作要做，为什么不尽力的做、不快乐的做？既然我们人生短暂，为什么不充实的活、不幸福的活？工作和生活都不应该消极麻木的对待，否则，我们就丢失了原本属于我们每个人的一份奋斗的快乐。

第二节　新课改要求教师做研究

为了适应社会的发展和时代的要求，我国教育改革制度不断深化，这也顺应了世界教育变革的总趋势。新课改的深化，首先要求教育的实施者提高自身素质。自身素质的提高需要教师在实际工作中不断学习与实践，在实践中不断探索研究，发现教育工作的新规律，掌握新课程的教育方法，在最大程度上促进学生全面发展。这项工作漫长而艰巨，而教师素质快速提高的方法只有实践加学习，有心的教师把实践学习的过程作为教学研究的过程，这不但使自己

的知识系统化，而且是自身理论素养提高的重要途径。

课程内容的更新要求教师做研究

陈旧的课程内容已经不适应时代的要求，随着课改的深入，课程内容也在不断的更新。更加突出学科的层次性，注重培养学生的个性发展，使不同层次的学生都能在学习中获得相应的知识。教学内容的层次性给教师的教学带来了很大困难，如果还用以前的陈旧方式上课，势必手忙脚乱。这就需要教师有先进的理念、丰富的经验、巧妙的方法来积极应对。不善于研究的教师不是课堂的引导者，反而会被课程内容被动的牵着走，问题的解决也就会趋于程式化，很难有统观全局的能力。

新课程更注重生活实际和人文关怀，形而上学的传统教学思想不能再自如驾驭新课程，只有教师多关注生活，多了解生活，多把课本知识与实践生活巧妙的结合在一起，才能给予学生实用的知识。这就要求教师改变长期僵化的思想，多思考多研究，总结出一套符合自己的教学实践的理论来，作为对课堂教学的科学指导，并在这个基础上，不断钻研提高。

新课程内容本身设置了许多探究活动，这些活动的探究者要求是学生，但是教师作为指导者，首先要具有一定的探究经验和探究能力，才能运筹帷幄，顺利的指导学生的学习。不做研究的教师，是无法完美地完成这样的教学任务的。

课堂模式的转变要求教师做研究

全新的课程要求全新的教学模式，以前满堂灌的教学模式已经不再适应现代的课堂，现代教学理念更关注学生的全面、自主、有个性的和谐发展和终身发展，因此，现在的课堂主张学生自主合作式探究，教师采取怎样的教学模式才能与新课程匹配，又成为摆在每一位教师面前的问题。不再满堂灌，那就让学生动起来，不但动手动嘴，更要调动他们的情感，去领会体验。现在也有许多流行的教学模式，如洋思模式、东庐模式等，但哪一种适合自己的教学风格，还需教师深入研究。而且也要根据教材的要求、学生的情况、课时的安排、场地的设置、时间的多寡等多个因素来定。有句俗话说：教的曲唱不得。其实不是不能唱，而是怎么唱的问题。教师应该多留心、多细心、多用心，把课堂的安排当作自己的作品来对待，只有付出努力，才会有满意的收获。

教学方法的改变要求教师做研究

新课程在教学方法上主张"研究性学习，自主探究与合作"，这就是说要把学习的主动权还给学生，教学模式的设置是大体思路，而具体到教学方法，要分许多细节进行。教学方法贯穿学习的整个过程，教师在设置的过程中，应该多注重对学生自主学习能力、合作学习能力、创造能力的培养，把原本一味灌输的知识，改变一下方式让学生接受，变固定课堂为流动课堂，变学生的被动学习为自觉主动的学习。这就需要教师多研究教材与教法之间的关系，多用鼓励、启发等方式，指导学生自己去探索和发现事物间的规律，掌握前人总结出来的知识，并留有探索新知的可能性。具有这些能力的学生，才是新时期需要的建设型人才，能培养出这种人才的教师，才是新课改形势下最需要的优秀教育工作者。这一切展望的实现，

都要求教师具备勤勤恳恳的钻研精神。

现代化教学手段的使用要求教师做研究

教学活动的开展，一定要借助某些教学手段。新课程背景下，现代化教学手段逐渐走进学生课堂，它能把人民生产生活的各个方面生动的再现在学生面前，省时省力，而且形象生动，这一点具有其他教学手段无法代替的优越性。不但调动了学生的学习积极性，而且受到许多教师的青睐。能熟练地使用现代化教学手段，便顺理成章地成为了一名新时期优秀教师必备的专业素质。这也是科技发展的必然，一根粉笔就能完成的课堂离我们越来越远，只有充分发挥现代化教学手段的作用，才能为学生提供一个高效的教育环境。而现代化教学手段的掌握与应用之间还有一段距离，掌握了技术不一定恰当的应用，这就需要教师多研究思考。只有接受新知识，多做有关课程整合的研究，才能适应时代的发展。

课程评价的多元化要求教师做研究

以往的课程评价教师是主角，新课程评价要求评价的主角多元化，社会、学校、教师、家长、学生等都可以参加评价。评价的过程更是改变了只用成绩衡量优劣的方式，采取多元评价方式。多元化的评价方式，既关注结果，又重视过程的评价体系。它更加注重激励性、综合性、自主性、实践性、全程性、开放性等，这些评价关注的是学生的全面发展，完成了新课程从精英教育向大众教育的转变。课程评价的多元化，使教师在评价中的角色也发生了很大变化，逐渐由评价的主角向评价活动的发起者、协调者、主持者转变。

而每个角色的充当，都要具有一定的素质与能力，不经过深入研究的教师是不能胜任的。而每一个细节都可能关系到评价的正确与否，这时教师是掌控全局的统帅，运作是否成功，体现的是教师课下研究工作的成效。

总之，新课程改革更突出以学生为本的价值观念，关注学生的终身发展，提倡学校的教育应为学生一生奠基。肩负如此重任，教师一定要及时更新教育理念，改变教育方法，完善教育手段，要经过不断的学习与实践，研究与探索，提高自身综合素质，保证教育教学秩序的稳定发展和教育教学质量的稳步提高。

第三节　教师做科研是推动教育进步的法宝

教育改革的深化，要求教师更新教育观念，不断探索研究，做教育课程的创建者和开发者，做教育行动的执行者和研究者。同时，教师的教学研究又反过来推进了教育的进步。它们之间是互相促进共同发展的关系。

教师做科研提高了教育教学质量

教育教学质量的提高，有待于教师教学水平的进步。教师做科研，就是对课程进行深入研究的过程，涉及教育的各个层面。做科研之前，不仅要有丰富的教学实践经验，还要具备一定的理论基础。科研是对教学中实际存在问题的解决过程，经过研究探讨，不但对此问题找到了恰当的解决途径，而且在科研过程当中，还会对相关问题做连带的研究，教师便在整个科研行为里，注入了相当大的精

力，收获也必定高于预想。具备了科学的理念指导，能在实践中不断探索研究，这些个人素质的进步反应在教学工作中，就变为了生动的讲授、和谐的课堂。教师的工作繁琐细致，用科学研究的态度对待日常工作，用科学的方法指导自己的教学，用探索求实的精神进行教学研究，不但教师能把工作当成艺术，而且学生也能从学习中体会到更大的乐趣。教育教学质量的提高也就成为必然。

教师做科研加速了教师间团结协作的进程

教师做科研不可能不借助外力完全独立执行，往往在科研过程中需要学生的配合以及同事的帮助。尤其是集体性质的科研项目，需要教研小组集体的智慧。这就需要教师具有团队协作能力，共同商讨科研项目的确立、材料的准备、时间的规划、人员的分工、问题的预设、步调的调整、任务的执行、小结的撰写等许多细节问题，在研讨时同事间各抒己见，在阐明自己观点的同时也听取了别人的意见。交流的过程是同事间共同进步的过程，一个人的观点可能片面，但是大家的智慧便趋向完美。因此，教师的科研工作加速了教师间团结协作的进程，有助于同事间共同进步。即使是个人的科研行为，也要把个别问题拿出来与更有经验的教师请教或者探讨，解决问题的过程对主动参与者还是被动参与者都是一个不错的交流机会，增进了感情提高了能力，何乐而不为。

教师做科研为优秀教师队伍的创建添砖加瓦

教师队伍的整体素质决定了我国教育事业的成效，个人素质虽然微不足惜，但是教师队伍的整体素质正是由无数个个人组成。优秀教师队伍，由无数名优秀教师组成，若想成为优秀教师，首先要具备先进的教学理念，先进科学的教学理念除了通过学习，就是不断的实践。而学习的目的正是为了实践，用学习来指导实践，在实践中不断反思探索进步，以科研的态度来对待自己的工作，才能使工作有长足的发展。教师做科研是个人行为，他把自己的科研成效反应在教学当中，就是关于我国教育事业的工作。如果每一位教师都能认真研究自己的工作，做个科研型的教师，那么我国教师整体素质将是一个飞跃。因此，科研型教师为创建优秀教师队伍添砖加瓦。

教师做科研促进先进教学理念的传播

教师做科研的过程不是简单观察实施的过程，科研之前要做大量的阅读工作，报刊 杂志、科研著作等都是教师涉猎的范围，信息的传播便蕴含在阅读中了。对他人经验的学习，为了自己的知识更加充实丰富，无数教师在科研当中都吸取了大量他人经验，对先进教育理论的摄取量远远高于不做研究的教师，教育理念在传播过程中，使许多优秀教师迅速成长起来。而教师自己的研究行为，也是经验的总结提炼过程，当自己的科研成果展示的同时，也就作为了共享资源，供教师交流采纳。尤其现代信息技术的高速发展，更加快了教学理念的传播速度。总之，资源共享的时代，科研型教师做了两个方面工作：一是提供资源，二是共享资源。不管哪一方面都为新课程改革贡献了自己的一份力量。

教师做科研极大可能弥补了教学领域的某项空白

随着课程改革的深入发展，许多问题随之出现。教育观念的更新、教育制度的变革、教育方法的变更、教育对象的成长都成为教师需要探讨研究的问题。教师的科研工作，最初是为了解决教学中的实际问题，那些具有普遍性的问题不是偶然存在，它也一定是许多教师遇到的问题。教师经过自己对问题的深入分析、查阅资料、认真反思、反复实践等研究行动，得出了个人的研究成果，这个成果可能对许多教师都有借鉴意义，如果问题的研究是别人还未经研究过的，那么这个研究就填补了教学领域的一项空白。

教师做科研推动新课改的深入开展

新课改的具体实施者就是教师，教师的素质直接决定了课改工作的成败。教师理念的更新需要一个学习过程，在经过实践、思考、研究之后，必定取得一定的科研成果，这对自身的教学工作有很大的帮助，并且通过同行间经验的交流，使更多教师从中受益。因此，教师的教学研究在新课改摸索前行的路上，提供了一种可能，科研经验供教师交流运用，就避免一些人再走弯路。教学研究成绩的取得，作为共享经验，加速了新课程改革的进程，教师可以在此基础上更上一层楼，新课改也必定在教师研究的推动下，顺利深入的开展。

教师做研究不该当作被动的任务，它关乎个人价值的体现，关乎我国教育事业的发展，我们身为社会的一分子，能做的也无非就是干好自己的本职工作，如果不学习进取，不深入研究，便跟不上时代的发展，不会有杰出的表现，更不用说完成国家和人民交给我们的重托。因此，做教师就做一名肯于研究的教师，在历史的长河中，我们的贡献虽然微薄，但是更多的教师加入到研究的行列中来，我们的教育便值得期待。

第四节　教师研究的命题

教师研究的命题，是教师研究工作的起始，具有新鲜的方向性，讲究一定的方法和技巧。命题的过程，是一个对整个研究过程的思考的过程；命题的成功，是研究工作成功的前提条件。它对教师研究的价值与成败至关重要。

命题对文字要求极为严格，命题的文字不宜过长，题目以简洁明了为宜，但是一定要准确，不含糊其辞。能点明研究方向，能概括研究内容，不夸大不偏离，并且能显示有学科范畴。但严格中也有相对的自由，给教师展示教学智慧搭建了又一平台。

命题范围

教师做研究应该立足实践，在日常教学的方方面面都有值得深入研究的问题，只有立足实际，才能使我们的研究更科学、更实用。

我国正处于社会变革和教育观念转变时期，许多新的问题随之出现，教师们同处在探索阶段，而自己的观察分析都可以做一总结，供同事参考。并且经济环境和文化环境的改变，使教师面临的教育对象也不同以往，许多陈腐的观点不再适应当今社会，针对某些旧观点，创造性地提出新的见解，如：批评一言堂，提倡自主合作教

学。批评单一课堂，提倡学科知识整合等。

实践的过程是研究的步骤，实践中出现的问题是研究的素材。如：课后练习的有效预留、书写姿势的巧妙纠正。对已有分散的经验，教师进行分析归纳，把零散的经验系统化，并用新方法加以论证，使其在同一构架中处于相关联的知识。在本职工作中去挖掘使用性的命题，有利于提高教育教学工作的科学化进程。在本职工作中去挖掘使用性的命题，有利于提高教育教学工作的科学化进程。

在某一教学领域内，教师经过深入研究，得到深层次的发现，经过反复论证后证明切实可行，便可以形成自己的研究成果。往往这类问题需要教师对其客观性充分认识，还需要对内层原因做进一步探讨，涉及社会学、心理学、伦理学等多个学科的涉猎。并对已有知识进行辩证分析利用，还要与新知识紧密结合。

此外，对一些已存在的学术现象进行分析研究，寻找规律提出新的问题。一般情况下，研究的现象是业界知名学术问题，研究的目的是深层挖掘分析，从中得到新的启示。如对西方教育学的研究、对魏书生教育法的研究、对某种教学潮流趋势的分析等等。从表面看，虽然不是立足自己的课堂，其实也与自己的教学息息相关，使教师能够站在更高角度看待问题，有益于更好地指导自己的工作。

命题原则

1. 现实性原则

命题的根本要求就是要符合现实性，教育实践中提出的问题是研究命题的重要来源，作为一名一线教师，把自己在教学工作中遇到的问题、受到的启发，加以分析研究，才是最切合实际的命题，这是教师做研究的优势所在，教师就应该立足这个优势，充分利用这个优势，使自己的研究来源于工作又能有效的指导工作。

2. 需要性原则

一般我们研究的课题是实际教学中遇到的问题，是为了解决问题而做的工作，因此，命题就要符合需要性原则，把课改中出现的需要探讨的问题作为命题范围，以解决最迫切、最急需、最关键性的问题。遵循需要性原则，才使教师的研究工作更有时代性，更有研究和交流的价值。

3. 科学性原则

命题既要有理论依据，又要有实践基础。首先表现在问题要以教育科学基本原理为基础。教育科学理论对命题起到了定向、规范、解释的作用，理论依据是命题能有较高的起点，避免研究的盲目性。还要经得起时间和空间的检验，这就需要教师平时多注意积累，多学习教育理论，多对学生进行心理学研究，这些学习都是为了更全面的掌握教育教学规律。实践基础是教师做研究的基本条件，具有强的时代感和针对性，实践为研究提供了现实资源，成为理论的充分依据。只有立足现实才能正确判断研究的项目应该从哪里选择突破口，才能保证命题的科学性，才能保障教学研究的顺利进行。

4. 新颖性原则

命题一定要具有时代感，陈旧的命题不会引起人们的注意，也跟不上新课改的脚步。命题的内容要新，要从教学实践中提炼出新的问题或者新生事物、新生经验。对教育中的新概念、新方法、新设计、新思维、新方案等多加关注。或从不同争议出发，提出自己独到的见解。另外，命题的角度也要注意新颖，看法、见解、观点、

材料等，有了较新颖的观点，论文就有了灵魂，就有了存在的价值。

5. 可行性原则

命题的范围选择要考虑自身能力，研究者对所选题目要具有浓厚的兴趣，这样研究者才有研究的动力。还要考虑研究者的自身知识水平、理论基础、实践经验、科研能力等多方面情况。根据自身情况选择自己能胜任的命题，才能保证课题的圆满完成。时间、空间、物力也是研究者应该考虑的问题，物力指必要的研究设备等，时间主要考虑是否充裕，空间指论文完成后的协调等因素，再有就是学生的接受能力，虽然这些是教师研究的次要因素，但是都影响着研究成效。

6. 明确性原则

命题的涵盖范围要适中，一般认为宜小不宜大，宜窄不宜宽。题目过大，耗费大量人力物力不说，就是研究起来也不易全面把握，研究不容易深入、含糊笼统、针对性不强，显得空洞无物。命题的着眼点越小越容易驾驭，内容越具体深入，一是直接选小题目；一是在大题目下选定小的角度。命题小，更有利于谋篇布局，使立意集中深刻、明确具体。

命题方法

1. 用论题做题目

以论题做题目是一种普遍做法，研究者对教学工作的某一方面的观点或见解，都可以拿来作为题目，多以判断句的形式出现。如《小组合作是有效的课堂模式》、《要杜绝体罚学生的现象》、《俭以养德》、《勤奋是成才之路》等。这样的命题或肯定或否定，观点鲜明，简洁有力，一目了然。

2. 用所研究的内容做题目

教师要有问题意识，问题的发现与解决的过程就是研究的过程，教师在教学实践中遇到的困惑和不解，都可以作为研究的题目。例如：《如何转化学困生》、《如何调动学生的学习积极性》、《如何设置导入语》等。

教师所研究的问题是个多角度问题，研究的结果需要分步阐释，这时无法用一个恰当的语句对其概括，就可以采用这种方法命题，它只揭示研究的项目或范围。例如：《关于提问方式的反思》、《量化考评制度实施》、《关于自习课的管理》、《小议农村学校的师资建设》等。

3. 用展望做题目

教师通过对教育实践的审视，有了一个发现问题、分析问题、解决问题的过程，必然从中产生对教育前景的展望和憧憬，这便是教师努力打造的教育蓝图：形成什么样的教学特色、达到什么样的课堂效果、学生能有怎样的转变等，这些都是教师要达成的心愿，把教师的这个展望提炼出来，也是不错的命题。例如：《如何培养学生主人翁责任感》、《快速提高学生朗读能力的方法》、《创建和谐共进的班集体》等。

科学选择命题，更能反应教师研究的价值，决定了研究的方向和水平，教师从身边的教育工作中提炼出有价值的课题进行研究，使日常工作更具艺术性，为平凡的生活添加一份乐趣和色彩。

第一章 教师与学生

　　教师与学生分别是教学过程中的两个主体，随着我国新课程改革不断的深入发展，更多的教师开始思考教师与学生之间的关系，它自然成为校本研修的一个重要话题。

　　教育过程中最重要的关系就是教师与学生之间的关系，师生关系贯穿整个教学过程，只有人性化的教育才能促进师生关系的和谐稳步发展，也才能使教师更有效的完成教学任务，学生才能更轻松主动的掌握所学知识，从而通过学校的教育，培养学生的智力与能力，塑造起学生健全的人格，同时在师生交往的过程中，双方都会获得愉悦的心理体验。因此，研究师生关系，可以指导我们完善今后的教学工作，它无疑是教育发展的必然。

第一节 教师与学生是种什么关系

　　教师与学生的关系是个复杂的概念，从不同的层次考察就会得到不同的结论。师生所处的是不同的角色，构成了相辅相成的关系。现在我们就工作关系和心理关系两方面来深入分析。

教与学的关系

　　毋庸置疑，当学生走进学校的那一刻，就与老师构成了教与学的关系。教师要明确自己的站位，也要清楚学生的特点。

教师是学生学习的组织者、参与者、指导者和引领者，是学生学习的有力帮手。教师在教学过程中是平等的首席。教师的学识与人格会对学生产生一定的影响。

学生是成长中的孩子，他们正处于心智发展阶段，生理和心理都是儿童的个性特点，我们不能以成人的要求来苛刻地对待他们。而正是因为他们是孩子，所以他们的成长才有更大的可塑性。教师要用发展的眼光看问题，对于暂时表现不佳的学生绝对不能过早定论，反而要多加关怀和引导，才能帮助他们自觉成长。

教学的目的是通过教师的引领，让学生得到全面发展。学生是学习的主体，教师在教学过程中，一定要注意发挥学生的主体作用，不能压制他们的积极性，要通过不同的方法鼓励他们的主动性和创造性，教会他们怎样学比灌输知识更重要。

教师还要注意到的是学生的智力存在差异。人与之间的智力存在差异，学生更不例外，有的学生善于表述，有的学生善于逻辑思考，有的学生艺术方面优秀，有点学生喜欢创作发明。不同的学生有不同的特点，有不同的擅长。教师只有认识并承认这种差异，才能以一种更负责任的态度对待学生，帮助学生充分发挥他们的特长，成为将来社会上不同的人才。

教师对学生进行了解后开始自己的教学。作为知识的教授者，他们引领学生走进知识殿堂，辅助学生完成学业，参与学生学习的整个过程。这个教与学的过程师生是平等的，他们共同完成了教与学的工作。在这个过程中，教师的专业知识、教育技能、管理能力等直接影响了双方关系的和谐，而学生的智力水平、性格特点等也

影响了学习效果。只有协调好师生教与学的关系，才能使整个教育工程更有效。

长辈与晚辈的关系

俗话说："一日为师，终身为父"。师生之间所谓的"父子"关系并非血缘上的父子关系，而是指在围绕着教学过程，教师对学生的管理是成人对孩子的管理，是父亲对孩子的关怀。因为孩子的心理发展还不成熟，教师作为长辈对学生生活品德等方面的教育，其实类似于父亲的责任，学生在教师的关怀指导下，会更顺利地完成学业。

从年龄上来说，两者间有成人与孩子的区别，教师是长辈，学生是晚辈。虽然我们并不提倡教师高高在上，而提倡平等，但实际问题是，孩子确实还小，人生观世界观还不成熟，遇到许多事情不能正确的处理，学习问题也还不能顺利地解决，许多现象并不能理智的评价。而教师这个角色，正是传道授业解惑。所以除了课堂上教学任务的完成，教师更要关心学生的心理成长。尤其是一些住宿的孩子，一般一周才能回一次家，一周才能见到一次父母。而漫长的在校期间，教师自然成了监护人。学生有什么错误或迷惑，教师可以以父母的细心给予体察，及时发现学生心理的倾向，使孩子的不良行为及时得以纠正。

尤其是处于青春期的孩子，对世界充满好奇，叛逆心理严重，容易冲动，不能恰当处理与同学之间、父母之间的关系，性格容易走向极端，在家长疏于监管的时候，如果老师再粗心大意，学生对爱的缺失就会体现在他们的行为当中。因此，教师在学校首当其冲地要承担起父母的角色。

学生在校期间离开父母的视线，生活方面的细节全都展现在教师的眼中，教师这时面对的只是孩子，关心照顾是自然而然的行为。我们常听到许多人也把教师比作母亲，不论父亲或母亲，都是爱的传递者，都是爱的施予者，只要我们的孩子能健康的成长，每一位被称为母亲的教师都倍感欣慰。

朋友关系

虽然把这种关系放到最后，但是它确实是师生关系中很重要的一层关系。在新课改形势下，教师需要转变观念，抛下高高在上的威严，与学生建立起平等亲切的朋友关系。这种新型的师生关系，给学生带来的心理体验是快乐的，它对教育效果会产生重大作用。

朋友关系是新形势下的协作关系，营造了平等融洽的学习气氛，师生成为朋友，相互间具有了一定的吸引，这种相互的好感缩短了师生间心理上的距离，使教师更全面的了解学生，也使学生更深入的理解教师，教师乐教学生乐学，教育效果得到充分改善。

师生间以朋友关系相处，可以激发教师在教学过程中更大的教学动力。而受爱戴的教师也会迸发出更多的灵感来完成教学，把课堂精彩的讲授过程当成是艺术体验来享受，使得教学相长。

师生间朋友式的气氛，更能促进教师专业水平的增长，并且这种进步绝对是主动而愉快的。常有教师说，和孩子们在一起，会有一个年轻的心态。而和孩子成为朋友，心灵会得到净化，感染学生的同时也被学生感染，这是一笔无价的财富。

朋友式的师生关系也会开启学生封闭的心灵。许多学生和自己

的父母很少交流，而这种代沟似乎很少存在于师生之间。学生常用书信、日记等形式向老师倾吐心声，他们的迷茫、困惑、苦恼、欢乐、渴望与老师共同分享。他们觉得教师不同于父母的严厉，也不同于同学的善变，教师是最忠实的聆听者，是最安全的朋友。此时正是教师悉心疏导学生的最佳时机，在他们这段人生路上给予正确的指引，对于教师责无旁贷。

教师对学生无私的友谊，必然激发他们在学习过程中的无限热情。这种友谊是一种动力，学生在潜意识里会把努力和勤奋作为对友谊的回报，变被动为主动，心情愉悦地提高成绩，完善品格，成为未来社会优秀的人才。

第二节　如何建立和谐的师生关系

建立和谐的师生关系，要以爱为本，爱自己的岗位，爱自己的学生。建立和谐的师生关系应该是每一位教师追求的目标，根据学生的年龄特点及个性差异、综合认知、心理、情感等方面，我们做了如下尝试：

不断进取，提高教师自身素质

一个高素质的教师必定赢得学生的喜爱，学生首先看到的是教师在课堂上的表现，一个学识渊博的教师，他的课堂能做到非常精彩。一个工作不认真、专业不过关的教师，学生一眼就能辨别出来。作为一名教师，就该有过硬的专业知识，有自由驾驭课堂的能力，有开阔的胸襟和幽默的性格。这些都是教师素质的展现，都具有永久的魅力。只有知识，不懂教学艺术的教师也不会受到赞赏。如我国著名数学家陈景润，空有满腹才华，却不适合登上三尺讲台。

教师教的过程也是自身提高的过程，随着改革的深入，知识体系不断更新，一些新领域的内容已渗入到我们的教学当中，教师只有终身学习，才能跟得上时代，才能适应教育日新月异的变化。教师进步了，才能对学生进行更有效的指导。学生们绝不喜欢一成不变的教师，一个不断进取的教师更有潜力教育出适应时代的学生。只有教师不断充实自己，不断探索新的教学方法，研究新的教学理论，才能完成教学从应试教育到素质教育的转变，师生关系也才能有长足的发展。

分清主次，坚持学生是主体

在整个教学过程中，教师都应该努力培养学生的主体意识，学生具备了这种意识，便可以变被动学习为主动学习，这也是可以享用一生的良好的学习习惯。课堂上，教师要有意识地建立一种全新的课堂格局，教师不是主讲只是主导，更不能一味灌输，教师要与学生共同进步，组成一个学习的共同体。

爱他们，就把课堂还给他们。学生在课堂上的精彩表现，能激发他们更大的学习热情，对这个学科的喜爱，必定引起他们对该科教师的热爱，如此良性循环，每一堂课，都是和谐师生关系的展现。教师的学是为了学生更好的学，一切都要以学生的发展为主。把课堂还给学生，让学生成为课堂真正的主人，努力使他们善于思考，善于创新，敢于挑战，一个优秀的学生后面是优秀的教师，教与学都是快乐的尝试。

给予关爱，学生是自己的孩子

爱是师生走近的桥梁，在我们兢兢业业教学的同时，以母亲之心，对学生的生活、学习给予充分的关注，多一些热心，多一些爱心，细心地了解每一个学生的生活情况和心理动向，做他们心理的依靠。让学生知道，即使生活和学习上遇到再大困难，他都不是孤军奋战，永远有老师站在他的身后。暖如春风的爱，可以化解师生间的尴尬，拉近师生间的距离，还会避免青春期儿童心理上的一些问题。他们对老师有了充分信任，便有了另一种形式的安全感，保障了在学校安心地读书。

一些家庭特殊的孩子更应该引起我们的关注，爱的缺失往往形成孤僻、极端的性格，而老师亲切的话语、温和的眼神会弥补他们心灵的创伤，坦诚的信任和鼓励也必定会赶走他们心理的阴霾。孩子的性格正式形成的时候，在这个时期怎能缺少爱？母爱最温暖，它像保护伞，为学生遮起一片天空，让他们弱小的心灵少经历一些风雨是教师的责任。

平等相待，对学生充分尊重

作为教师，要时刻记得学生是有血有肉有思想有情感的个体，虽然学生年龄不大，但是他们也懂得痛苦与快乐，羞耻与荣誉，愤怒与感动。他们对待事物有了一定的善恶评价，这种独立的人格是教师不容忽视的。爱他们就充分尊重他们，凡事多站在他们的角度想想，允许他们的思想有一定的独立性，多倾听他们的意见和感想，要严中有爱，不放任自流，也不一味专制，只有教师对学生无私的关心爱护，才能换来学生对教师的尊敬和爱戴。

教师应适度的尊重学生的好恶，在这个基础上再给予科学的指引。要尊重他们的兴趣爱好，对他们多投以欣赏的眼光，要善待他们无意犯下的错误，能换位体察他们的心理。对学生充分的尊重必定也换来学生同等的爱戴，师生关系就会在既定的轨道上顺利前行。

关注个性，投去欣赏的眼光

人的智力存在差异，但是每个人的情况千差万别，无数的事例告诉我们，每个人都有自己的闪光点，如果他还不优秀，那是我们还不曾发现。爱因斯坦小时候曾做过丑陋的小板凳，后来他成为20世纪最伟大的物理学家。海伦·凯勒自小失明失聪，后来她成为美国著名的作家和教育家。我国青年周舟患先天愚型病症，后来他成为举世瞩目的指挥家……他们的人生是不幸的也是幸运的，他们通过自身的努力和亲人的帮助获得了成功。而坐在校园里的那些学生，谁敢说将来不会出一个牛顿或莎士比亚？或许，他们不一定成名，但至少，他们都可以成为社会有用的人。

苏霍姆林斯基说，"我们教育工作者的任务就在于让每个儿童看到人的心灵美，珍惜爱护这种美，并用自己的行动使这种美达到应有的高度。"作为一名优秀的教师，绝不会戴着有色眼镜去看学生，他一定有一颗博爱之心，他的爱柔软而热烈，他善于用欣赏的眼光看待这些孩子们，在他的眼里一定找不到鄙视，他的语言中一定充满了鼓励。

被教师欣赏是多么幸福的事情，学生有了愉悦的体验，必定点燃奋斗的激情。学生的潜力是无穷的，也是可塑的，不鄙视不嘲讽，

关注每个学生的点滴进步，给予适当的鼓励与适度的赞扬会让学生更自信、更优秀，而老师的一颗包容博爱之心，更是令人赞赏的美德。

学会倾听，做学生忠实的朋友

师生间可以是忘年交，放下师道尊严，多和学生交流，多倾听他们的喜悦或迷茫，甚至可以多参加学生的郊游等活动。平等、幽默、理解、关怀、鼓励、还有一颗永葆年轻的心，使学生对教师产生的深深的依恋，一种相互的关怀悄然生成，这种信赖有助于学生形成正确的人生观，理解、平等、信任、友善的融洽气氛，促使学生更加努力的寻求进步。

教师是智慧的使者，教师培养的是学生的能力，传达的是光明和爱，所做的是为学生的一生奠定基础。所以新型的师生关系要求新的站位，要求用科学严谨的精神和持续高涨的热情践行我们育人的使命。

第三节　哪些孩子更需要你的关怀

在每一位教师的教学生涯里，都会遇到各种各样的学生，而我们的目光总是不经意的落在一些特别的面孔上，这些孩子们是个特殊的群体，他们不够优秀或不够快乐，年少的眉宇间特别的表情牵引出我们深深的思索。高尔基曾说："谁不爱孩子，孩子就不爱他。只有爱孩子的人，才能教育孩子。"教师对孩子的教育更应该是爱的教育，只有教师心中充满爱，才能使孩子的身心健康成长。

残障学生

曾经有过这样一个事例：在七年级新学期开始，一位双腿瘫痪的孩子坐在教室的第一排，她上学是母亲送来的，放学时母亲会准时出现在教室门口。为了减少上厕所的次数，孩子说，她只有在晚上才喝一点水。这就是一个残障儿童的校园生活，在我们身边还有许多这样不幸的孩子，他们或许永远生活在黑暗当中，或许永远享受不到奔跑的快乐，或许他们的世界永远寂寂无声……

而身体健康的我们，怎能漠视他们的痛苦？他们是我们中的一员，作为一名教师，关怀他们、给予他们快乐是我们的责任。创造良好的班级氛围，让更多学生能伸出援助之手，既是对同学的帮助，也是对多数学生爱的教育，只有懂得爱，懂得付出的人，才能体会到别样的快乐。而只有生活在爱中的残障孩子，才会更加珍惜生活热爱生活，才能有健全的人格和纯洁的内心。

智障学生

智障儿童是另一类型的群体，这类孩子的父母同样为孩子的未来担心，许多智障儿童被冠以"傻"这个名词，其实他们的内心比任何人都纯洁，他们没有功利没有阴险没有刁蛮没有邪恶，他们的心最纯洁无私最干净明澈。然而，他们也没有防范之心，甚至在社会的洪流中不能保护自己。如果能有幸坐进教室，却又是学习最吃力的一个。身边的人难免有嘲笑和鄙视。更令人心酸的是有时他们并不知晓这种不友好，却报以澄明的笑。这类孩子怎能不触动善良人的心弦，作为教师，我们的能力所及是给他们一个团结的班级，

让他们在友爱的集体氛围里感受到真挚的友爱，为他们的单纯的人生增添美好和快乐。

单亲孩子

随着经济大潮的冲击，近年来离婚率迅速增加，据统计，全国已有上千万的单亲儿童，并且数量还在迅速增加。这些单亲孩子成为社会上又一弱势群体。他们本应该享受父母亲的照料，本该享受家庭生活的温馨，可是换来的却是对幼小心灵的伤害。对父母持续冲突的烦恼，对父母离异的不解，对重组家庭的不接纳，对父母一方爱的缺失……凡此家庭变故，构成了青少年主要的情感和心理的困惑，从而形成了不良的性格，如孤僻、自闭、暴躁、多疑、敏感、自卑等等，这些不健康的心理现象影响着他们整个成长过程，据统计，单亲孩子的学习成绩、人际交往能力普遍低于正常家庭的孩子，他们的情绪、品质、行为出现问题的概率较多。并且家长和老师的教育他们很难接纳，这些孩子长大成人，也会成为危害社会稳定的不安定因素。

在面对这些孩子的时候，教师可以以导师或朋友的身份亲近他们、关怀他们，因为究其原因，这些学生就是缺少长辈的关爱，老师更应该耐心的持久的给予他们温暖，开启他们封闭的心灵，只要心结解开了，他们依旧可以性格开朗独立自强。

留守儿童

留守儿童早已引起社会关注，父母长期不在孩子身边，而 10 岁左右这个年龄段正是孩子身心迅速发展的阶段，在他们成长的这个阶段却缺少父母亲情，父母角色的缺失必定给留守儿童的心灵造成创伤，孩子没有父母的教育和疏导，造成孩子的许多心理问题，他们沉默寡言保守自闭，对许多事情都没有兴趣，甚至打不起精神，学习成绩不是落后就是毫无起色，性格普遍不够开朗乐观。教师对于这样的学生尽量不要斥责，他们问题的根源在于缺少交流和关爱，性格里面的自卑和没有安全感需要教师一点点的转变，虽然教师代替不了父母，但是教师同样是长辈，可以多关心他们的生活细节，多和他们进行思想交流，在他们的成长过程中给予及时有力的扶持，弥补心灵上的空白，他们自然会修补创伤，逐步融入集体，积极的对待生活和学习。

贫困生

我国贫富差距较大，经济上的贫困孩子无能为力，自卑心理在幼小的心里悄悄形成。贫困生往往在学习上更用功，或许这种用功是为了在另一方面张扬。如果班里形成攀比风气，这类孩子会更苦闷。有些家长也不能及时对孩子进行开导，反而给孩子增加更大的压力，这种压力是他们这个年龄不该背负的。如果贫困影响了孩子升学，更会给他们的心理留下永久的阴影。即使顺利升学，在他们参加工作之初也会比别的孩子对工作给予更高的期望，希望这个工作能改变自己及家庭的生存状况，而万一实际与自己的期望相差甚远，许多孩子就会在悲观失望后，冲破最后一道心理防线出现极端的行为。因此，作为教师，要时刻注意这类学生的心理动态，在进行自立自强教育的同时，多给予他们一些乐观主义的影响。

学困生

学困生的苦闷显而易见，就许多中途辍学的学生情况看，多是因为成绩不佳，学习没有一点乐趣。我国现行九年制义务教育，也有应试教育的弊端，看看每晚孩子们的作业量，就知道孩子们升学的压力有多大。这里面有制度的问题，也有学生自身及教师教育的问题。教师应该先承认学生的智力差异。因材施教是最好的方法，既要让课堂生动有趣，又要关注他们的特长，尽量多为学生的学习制造一些快乐。同时给予学困生有效的帮助和真诚的鼓励，他们收获成功的体验之后才会产生更大的学习动力。

不管是哪一类学生，他们处在青春期，是成长中的祖国的未来，关注个体、关注差异是教师的职业素养。收获学生一个微笑，就值得我们由衷的欣慰。

第四节　学生叛逆心理的成因及疏导

学生的心理健康成为近年来教师关注的热点，而叛逆心理是初中生成长过程中普遍存在的心理现象。叛逆心理是指人们为了维护自尊，而对他人的要求采取相反的态度和言行的一种心理状态。这种反常的情感体验和行为倾向，和他们的心理特征与年龄特征息息相关，通常表现为性格孤僻、情感脆弱、缺乏合作精神、对现实不满、缺乏同情心和爱心、不听从家长与教师的教诲等。

若想消除学生的叛逆心理，首先要了解叛逆心理形成的原因。

主观因素在于青少年正处于生理和心理飞速发展的阶段，生理的成熟告诉他们自己长大了，而心理的不成熟恰恰与之形成矛盾，他们对事物的认知很容易出现片面、偏激的情况，但是他们又急于想得到社会的认同，所以对家长、教师的指导和叮嘱产生了厌烦情绪。

客观因素在于家庭环境和校园环境的影响。一些家庭的不和睦，或者父母管教方法的粗暴致使孩子性格压抑，积蓄到一定程度，就产生了不良心理。在学校期间，教师的教学方法不当、高压专制或冷嘲热讽都会让孩子极度反感。再加上学习的枯燥乏味，或者受到社会不良风气的影响，更促成了叛逆心理的形成。

作为一名教育工作者，肯定会在工作中遇到这类学生带来的麻烦。解决麻烦的方法不应是简单粗暴，而应是多一点耐心，多一些包容。他们毕竟是孩子，他们的狂妄、冲动都是成长中体现出来的心理问题，用一颗平常之心对待他们的错误，用一颗理解之心对待他们的反叛，用一颗关爱之心给予他们心灵的援助。没有无因之果，坐下来静静反思，一定能找到解决问题的最佳方法。

个别问题个别分析，学会换位思考

每一个学生成长的环境不同，所受的教育也不同，教师通过谈话或暗访了解孩子的成长情况，分析孩子叛逆心理的具体成因，对症下药才能收到最佳效果。如果是家庭因素，可以与家长取得联系，共同制定教育计划，家长和教师的配合，是消除学生叛逆心理的最佳途径。如果是社会或校园环境对孩子产生的不良影响，教师可以和任课教师达成共识，并通过其他学生的配合，改变孩子的朋友圈，从而改变孩子的心境。环境疗法是心理疗法中一种有效疗法，关键

是找准问题症结，才能药到病除。

良好的学习氛围，可以帮助学生提高成绩、增强信心

正确调节学生的不良心理，需要教师的爱心和耐心。让学生从学习中找到乐趣是许多教师采用的教育方法，具有叛逆心理的学生往往对繁重的课业负担存在排斥心理，如果成绩不佳更会厌学厌世，他们找不到自己明确的定位，越空虚便越叛逆。但这不表明他们不在乎成功的喜悦，这时候教师特别的辅导就显得非常必要了。成绩提高之后，他们获得了成功的体验，会激发更大的学习热情。有一部分学生有某方面的特长，教师可以多鼓励他们发展特长，当同学们投来羡慕的目光时，这些学生会找到自信和力量，进而努力做好其他事。充实的学习生活，填补了心灵的空虚，焦躁的心理趋向平和。多关注别人也反思自己，不知不觉中就接纳了身边的师长及同学。内心的锋芒渐渐收敛，接纳环境的同时也被社会所认同。

优化班级人文氛围，帮助学生成长

班级环境是学生生活学习的土壤，土质的优劣，直接决定植物的长势。班级里存在的正确的舆论导向，就是一个健康和谐的集体。教师在细节上做文章，培养积极向上的学风，推进民主教育方式，充分发挥学生小主人的作用，使每个学生在班级里都有自己明确的定位，从而消除空虚心理，积极的投身到班级生活中去。其次，可以开展丰富多彩的课外活动，使每个孩子都有充分参与并展示才华的机会。这不但释放孩子们活泼的天性，形成开朗乐观的性格，而且容易帮助他们修正品德，锻炼良好的心理素质。

充分尊重，细心疏导

思想教育的前提要充分，平等民主的交流最易被对方接受。所以教师要以平等友好的态度与他们交谈。在学生犯错误或者语言过激的时候要忍耐自己的情绪，多听听他们心里的想法，给予他们理解和包容。当学生真心的接受老师之后，诚恳的批评才能被他们听进心里。反之，一味的暴怒斥责，只能收到相反的效果。另外，不要急于探查孩子们的隐私，这是青少年时期极为反感的事。打开心扉的方法不是强行撬锁，等待他们主动敞开才是我们率先研究的。

真诚赞美，成为学生进步的动力

具有逆反心理的孩子异常敏感，他们不但容易犯错，而且不容易接受教师的批评，即使心里明明知道教师批评的正确也从表情言语上表示反感。这类学生对长辈的这种不友好是长时间形成的，家长或教师与他们之间缺乏沟通与理解，造成孩子心理上的不接受。长时间形成的问题解决起来也不是一朝一夕就可以的，学生的心结需要一点点打开。除了平时的尊重和关怀，还需多用欣赏的眼光看他们，只要发现闪光点就及时表扬，表扬的语言不要夸张，否则学生会误认为教师有意讽刺。点到为止，温暖的微笑表示自己对他的肯定与赞赏。

避免当面冲突，惩罚要机智

赞赏并不表示他们犯了错误就不再惩罚，相反，对他们的惩罚

更需要教师花一点心思。

如果单独场合，教师可以讲明道理循循善诱。如果在班级里，教师可以委婉一些，化干戈为玉帛。例如：教师发现一名同学擅自换了座位，可以先对同学们说，你们知道什么是狡兔三窟吗？意思解释完了之后，再说，我们不是狡兔，所以我们有固定的座位，请同学们自觉找到自己的正确坐标。这样，风趣幽默的气氛，加上机智的谈吐，不仅给学生留有余地，而且也会赢得学生的尊重或感激。

因势利导，巧用激将法

具有叛逆心理的孩子都有超强的自尊心，利用叛逆心理的积极因素，巧用激将法，也可以促进学生进步。比如一个学生成绩明显退步，教师可以试着说，有人说你成绩不会再进步了，事实胜于雄辩，我想从你下次的成绩中得到答案。如此，这类学生不服输的劲头就会被激发出来。当然，激将法也要因人而异，看看他是否还有上进心，而且要选择好时机，才能打动其内心产生奋斗的动力。

总之，在孩子成长阶段难免会遇到这样或那样的问题，既然这些都是客观存在，教师就该提高自身专业素质，给予学生正确的指导。我们不是灯塔，但是可以送给孩子一束光的色彩。我们也不是太阳，但是可以送给他们一个微笑的温度。没有哪一颗心灵是绝对的封闭，也没有哪一颗心灵不渴望关怀和理解，只是，我们习惯以成人的方式行事，忽视他们太久。任何时候反思都为时不晚，不过不要忘记，他们正在飞速的长大，我们怎么能独自沉稳？走进教室吧，不用多说，就站在他们身后。

第五节　如何培养特长生

随着素质教育的深入发展，人们进一步认可全才不等同于人才。对于学校的教育，也不该一味培养全才，而是更应该注重青少年特长的发展。学生的特长泛指音乐、美术、体育、计算机、演说、主持等许多方面，学生对此有浓厚的兴趣，并且具有超出一般同龄孩子的理解力、领悟力及表现力。教师对于这样的孩子，不能只为了学习成绩而盲目遏制他们的兴趣爱好，素质教育是以人为本的教育，教师探讨的是怎样培养出优秀的人才。教育不仅要面向每一个学生，还有面向学生的每一个方面。因此在教学过程中要探索的途径、方法，就该为能满足学生个性特长发展服务，这也是现代化教育的要求。

面向每一位学生的教育是纷繁复杂的问题，重点要放在挖掘学生潜能上。那么教育的实施过程就不该整齐划一，一视同仁的教育必定压制一些学生的潜力，使特长生不能充分发挥他们的能量。因此，教师在整个教学工作中要充分考虑学生之间的差异，及时调整自己的步调。

叶圣陶曾说："教师之为教，不在全盘授予，而在相机诱导。"培养特长生其实就是特别的学生特别对待，在充分了解学生之后，再制定一系列行之有效的计划。

营造宽松的学习环境

不呆板的教师才能游刃有余地驾驭课堂，特长生才可以尽情挥

洒自己的聪明才智。因为在宽松的环境里，人的身心才会得到放松，人的思想才可以解放出来，思维才会变得更加活跃，这样，创造力才可以发挥到极致，也才能看到我们期待的惊喜。具体操作还是需要技巧的，教师在课堂上尽量激励学生质疑、求异，教师还要多组织答辩会、研讨会、各种比赛和展览，为学生提供各种展示的平台。开放的课堂形式、宽松的学习环境、广阔的思维空间为学生的创新提供了条件和机会。灵感被激发了，更优秀的人才在我们的培养下迅速成长。

教师要拥有包容的胸怀

教师对学生不能有不公平和偏见，他们只是孩子，而我们是成人，面对他们就像面对一些小树，我们要勤于施肥浇水，而不是嫌弃他个性的成长方式。或许他们即使旁逸斜出了，怕也是我们成人教育的失败。拥有特长的学生往往是性格特点鲜明的学生，他们有过错的时候，我们除了认真耐心的纠正，就是多去看他们的闪光点，孩子们的可塑性都很强，对他们过于严厉的斥责或漠不关心的冷淡，都有可能把一个天才埋没。有些时候，孩子的反驳里隐藏着我们没有发现的道理，他们活跃的思维有可能是一股新鲜的血液。用温和宽广的胸怀去接纳感化他们，用真诚切实的表扬鼓励他们，用中肯准确的批评提醒他们，这些都是为师者的责任。当看到学生有点滴进步的时候，心中一定能体会到农夫收获时的喜悦。

特别的学生特别要求

因为特长生在某一方面具有特别的能力，所以对特长生的特长方面要提出较高的要求，这种区别对待不是对其他学生的忽视，相反，正是对不同学生的尊重。较高的要求不适合所有人，却能激起特长生的学习兴趣，面对新的挑战就会有新的收获。人们往往在习以为常中萎靡，也往往在激励面前迸发出从未有过的能量。完成特别的要求必将获得特别的体验，一种成功的喜悦又将成为前进的动力。

重视用榜样来激励学生

榜样的力量是无穷的，每个孩子的奋斗都该有个目标，这个目标到底是远是近，似乎是个模糊的概念，树立榜样，就成为最好的方法。比如有钢琴天赋的学生，不如告诉他以郎朗为榜样；美术特长的学生，用齐白石做榜样……榜样像一盏明灯，指引着学生前进的方向。树立了榜样，就有了前进的动力；树立了榜样，就可以推动学生向理想迈出更坚实的脚步。因此在发展学生特长的同时，教师根据学生不同的情况，充分利用真实可感的榜样的作用，将会成为他们前进的动力，鼓舞起他们豪迈的斗志。

给孩子们指明正确途径

不同的孩子的情况不同，有的孩子不能认清自己在哪方面优秀，教师可根据自己多年的教学经验，给予学生中肯的建议供他们参考。并且根据不同特长建议他们找专业教师进一步学习。闭门造车很难有理想的成果，登上台阶是走向成功的必然阶段。而教师的辅助，正是在帮他们登上巨人的肩膀。

教会孩子心理减压，坦然面对挫折

良好的心理素质是成功的基础，一些孩子在赞扬声中长大，没经受过失败的打击，一旦自己的理想遭遇险滩，心理承受能力很可能突破极限，自卑、气馁、嫉妒、怨恨等等不良心理一并爆发，如不能及时调整，很容易从此一蹶不振。所以教师在平时，就可以利用班会等形式对学生进行抗挫折教育和减压教育。培养他们坦然面对成功与荣誉、失败与沮丧的健康心理。适时给青少年做心理辅导，预见一些人生路上可能出现的偶然，完成释放、转移、缓解、改善、平衡、放松等调节过程。及时帮助孩子转移矛盾，排解苦闷，释放压力，平衡心境。我们要用我们的经验为他们多铺一段路，减少他们未来所遇的迷茫。

关注综合素质的培养，塑造健全的人格

特长生不该是绝对特殊的群体，他们只是在某一方面优秀，教师鼓励他们发展特长，不等于他们只要特长。一个社会中的人不是孤立存在的，因此不能因为特长而忽略其他。我们在注重发展他们优势的时候，还要关注他们综合素质的培养，塑造他们健全的人格。要想塑造健全的人格，就必须融入社会。因为人只有在社会实践中才能磨炼意志、完善道德、增长才干、健全人格。顺应社会的发展，在工作和社会交往中学会与其他社会成员合作并寻求共同发展，这是塑造健全的人格的根本途径。因而凭借特长就放弃其他科目的学习是完全的错误，所以教师要多关注特长生的人格成长，培养他们自信、自尊、自爱、自立的同时，不忘培养他们广泛的兴趣爱好、

乐观开朗的性格以及与人为善的品质。

特长生的培养不是一蹴而就的工作，那么，就让我们多一点耐心和执著吧。

第六节 后进生的形成与转化

学困生是令许多教师头疼的一个群体，他们学习成绩明显低于其他学生，不能达到教师预期的目标，但是智力水平正常，在其他方面的发展与其他同学基本无异。但是就是这类学生，他们偏低的学习成绩给师生同时造成一种挫败感，更有一些教师对这样的孩子感觉无能为力，最终选择放弃。但是我们的教育应该是面向学生全体的教育，使任何一个孩子掉队都是错误的行为。基于此，教师更应该积极面对认真思考，深入研究学困生形成的原因，帮助孩子战胜学习上的困难，走出成绩和心理的低谷。

自身原因是学困生形成的主要原因

有的学生缺乏良好的学习习惯，学习目的不明确，完全是在家长和教师的督促下学习。意志薄弱，从没有战胜困难的决心，更缺乏刻苦学习的精神，对学习有为难情绪，从不想积极质疑，内心充满惰性。注意力不集中，贪玩，自主性差，更没有产生浓厚的学习兴趣。没有掌握科学的学习方法，对作业应付了事，更不懂课前预习、课后复习、知识归类、系统总结，他们习惯死记硬背不注重理解。到后期会因为失败自暴自弃没有信心，成绩越差越自卑。这一切最终导致学习效率低，成绩迅速下滑，甚至一蹶不振。长期下去

学生就会形成许多不良心理，他们懒惰、自卑、自闭、逆反、甚至影响与同学间的正常交往，因为在他们眼里，其他人都看不起他们，他们逐渐对老师和同学缺乏信任，而且惧怕家长对学习成绩的询问，所以尽量躲避家长，与身边的人越来越疏远。最终形成自卑冷漠的性格，对将来产生了消极影响。

家庭、社会、学校的教育是学困生形成的客观因素

家长教育方法不当、爱的缺失、家庭重大变故都可能给孩子的健康成长造成难以消除的阴影。家长对孩子多是恨铁不成钢的，没有哪一个家长不爱自己的骨肉，可是家长或急躁或溺爱，势必弄巧成拙，形成或助长了孩子的厌学情绪，得不偿失。

因为现在是个信息高速发展的时代，媒体给人们的生产生活带来的巨大方面，但是电视、互联网、报刊杂志等中的不良风气也随之传播，学生正是心智成长的阶段，他们抵挡不住外界的诱惑，不能完全辨别有益还是有害，许多孩子沉迷网络或者与社会上的不良青年为伍，厌学现象随之产生。

学校的教育也有其弊端，繁重的课业使一些孩子力不从心，学习中的困难得不到及时的解决，使后续的学习比登山还难，越怕越烦越没有好的学习效果，越学习不好越怕越烦，最终完全丧失了学习兴趣，沦为学困生。再加上一部分老师对他们无暇顾及，被遗忘后便很难赶上来。

不胜枚举的形成原因都是因为在适当的时候缺乏适当的方法。学困生的转化是一项复杂的心理工程，要依靠全社会共同努力。作为教师，首先要转变教育观念，以培养高素质合格人才为目标，用

强烈的责任感和极大的爱心去关怀这些孩子，从而帮助他们消除心理障碍，取得长足的进步。

首先要给予学困生充分的爱和尊重

学困生因为成绩不佳或多或少都存在自卑心理，教师不要对这些孩子有过分的指责，要给每一名学生创造一个团结和谐的班级氛围，教育每一名学生要相互尊重，绝对不允许鄙视和嘲笑。尊重平等的师生关系和生生关系是和谐班集体的基础，温暖的语言、真诚的帮助可以化解学困生的自卑心理，帮助他们建立起努力学习的信心，启发他们求知的欲望。

培养良好的学习习惯是提高成绩的前提

学困生多是因为没有良好的学习习惯，要想帮助他们提高成绩，首先要养成良好的学习习惯。第一，要合理安排时间，学时认真学，玩时痛快玩，不可三心二意。其次，制定详尽科学的学习计划，计划要兼顾以往知识的巩固。再次，用优带差的方法，开展一帮一活动，让成绩优秀的学生带动学困生学习，一些好的学习习惯在这种带动中能得到有效的传达。同时一些学习方法也可以在带动中得到传授。这不但减轻了教师的转差的压力，还锻炼了成绩优秀学生的能力，学生间的帮助增进了孩子们的友谊，就学习效果来说，同学间的交流更明朗更自然。

用欣赏的眼光看学生，寻找闪光点

苏霍姆林斯基说："世界上没有才能的人是没有的。问题在于教

育者要去发现每一位学生的禀赋、兴趣、爱好和特长，为他们的表现和发展提供充分的条件和正确引导。"

每个孩子都有可爱之处，有些教师太注重成绩，所以忽视了学困生的长处。从心理学角度分析，无论成人还是孩子都喜欢听到表扬和肯定，别人的称赞可以激发出更大的工作学习的热情。根据这一点，教师就该多用放大镜去寻找孩子身上的优点，并给予及时准确的表扬。孩子获得表扬后得到前所未有的愉悦，知道自己在老师的心目中不是一无是处，就会极大的增强他们的自信心，激发起向上的斗志。赏识教育是一种力量、一种给予，更是一种真诚的信赖和祝福，你认为他行的时候，就帮助他激发出自身巨大的潜力。有人说："好孩子是夸出来的。"适当的切实的夸奖是帮助孩子走出困境走向成功的手杖。

家校沟通，拓展良好的成长环境

学困生的转化需要社会的合力，家庭就是重要因素。关心了解学困生的家庭生活，并与家长取得共识，根据孩子的具体情况，制定出转差的详细计划，对孩子的成长有很大帮助。孩子在家的时间虽然不多，但是家长的言行直接影响孩子的情感态度，教师或者开家长会或者与家长个别接触，对家长进行有目的的辅导，教育好一个家长等于为孩子打开了一扇窗，窗子打开了，才有清新的空气流进来。可以自由呼吸的孩子，一定能茁壮成长。

教师无私的关爱是一剂良药，要在细节上多下功夫，孩子们进步了，我们便快乐了。

第七节　表扬的艺术

在教学过程中，当学生取得可喜成绩或有明显进步时，教师常给予真诚的表扬。恰如其分的表扬是学生努力的催化剂，能增强学生的自信心，提高自我认知能力，促进学生潜能的发挥。为了孩子的健康成长，教师就该深入实际仔细研究，看看怎样的表扬才是学生最乐于接受的方式。

表扬目的要明确

为了促进孩子进步的表扬，千万注意别在表扬这个孩子的同时贬低其他学生，习惯上说"你比他好"或者说"你比他们都棒"，这样会误导学生，以为自己的努力只为了与他人竞争，比身边的人优秀就是成功了。其实教师的表扬如果是"你比以前进步了"或者"你今天的表现很出色"。学生就会时时反省自己，把努力方向引到自身的不断进取上来，这为孩子一生的行为习惯都是好的引领。

表扬要内容具体

不能泛泛的表扬，如"你很聪明"、"你很优秀"等，学生听到表扬自然会非常喜悦，但是这样的表扬没有指引性和持续性，很可能误导孩子以为自己的成绩是因为先天的聪明。所以表扬要找准表扬点，是学生做的哪件事值得赞赏，还是学生哪点品质值得称颂？这些都要说具体。如果是因为成绩进步，教师就要分析孩子取得的优异成绩到底是因为什么，是因为良好的学习环境？还是因为科学

的学习习惯？还是因为自身的努力勤奋？教师要从众多原因中找出最重要的一种加以表扬，学生便能清楚地认识到进步的原因在哪里，在以后的学习中，他们就会加倍地注意这个因素，正是教师用一句表扬，给他们将来提出了努力的方向。

表扬要在合适的场所

对于全班同学共同取得的成绩，要在班级里表扬，以激发他们的斗志，增强孩子们集体荣誉感。对于个别学生有目共睹的成绩也要在班级里表扬，有说服力的表扬不但是对个别学生的肯定，也是对许多学生的鞭策。对于一些特殊的学生，教师想通过发现他们身上的优点来鼓舞他们的时候，最好单独表扬，免得说服力差，引起其他同学的不满。

表扬要及时

学生在取得成绩或有优秀表现之后，心里对表扬有一种期待，教师在此时就该及时表扬。如果疏忽忘记了，学生会产生一种被遗忘的冷落感，以为自己不受教师重视，心理很容易产生自卑感，导致情绪低落不能全力以赴地投入学习。所以教师一定要细心关注学生的每一点进步，给予真诚的赞美。学生就如小树，在他成长的阶段，及时修剪浇灌，他们才能茁壮地成长。而有些教师以为有些表扬要等到更隆重的时候，如校会或班会上，其实这并不影响教师在单独时候先送给他们几句评价，快乐是可以持续的，等到更隆重的场合，他们同样会获得无限的喜悦。反之，如果学生等得太久，心情已经无所谓了，那么后补的表扬就失去了最初的新鲜感，表扬就错过了最佳时机。

表扬要有正确的导向

教师不能以偏概全，不能因对个案的赞赏就不加考虑的盲目表扬。许多教师为了树立特别的榜样，为了宣扬一种精神，常常不顾后果的选错表扬对象。如想教育学生学习要刻苦，就表扬某同学每天学习到夜里几点。其实学生的这种做法有待商榷，青少年正处在发育期，充足的睡眠是好好学习的保障，我们不排除个别学生有旺盛的精力，但是不能用个别现象去要求全体。中华民族有许多传统美德，我们在赞扬的同时也要加以辨别，看看哪些行为是客观的、科学的，哪些榜样是值得我们认真推敲的。

表扬要避免不切实际的夸张

教师不能为了表扬而搜肠刮肚夸大其词，这里难免有急于求成之嫌。同学之间相互都比较熟悉，谁的表现都展现在同学们的眼里，不切实际的夸张不但达不到表扬的效果，还会适得其反，同学们不但不承认这个学生的优点，还会觉得老师说话没有说服力，降低了老师的威信。被表扬的同学也会在分寸不适宜的表扬中迷失自己，不知自己到底是真好还是假好，弄不好，还会成为同学们调侃的对象，遭到别人的嘲笑。

表扬要适可而止，不能过度频繁

表扬虽然有助于学生进步，但是太频繁的表扬就会削弱表扬的

效果。需要表扬时一定及时表扬，勉强的表扬千万不要迁就，重复或类似的表扬也要适可而止。当表扬泛滥的时候，同学们再听到就会没有感觉，更不会被教师的表扬而感动，也就起不到激励作用了。不惜字如金，也不溢美之词随处播撒，才是疏密有致的表扬艺术。

表扬的语言可以诙谐幽默

首先不能陈词滥调，不同的表现不同的夸奖。语言也不要过分修饰，简明直接、真诚自然的语言更容易被孩子接受。幽默的表扬是同学们所喜欢的，这些表扬一般在不经意间流露。如课堂上一名同学朗读课文之后，教师表扬说：这篇文章因为这位同学的朗读显得更优美。再如讲到王羲之的书法时，教师即兴说：我班某某同学的书法也有王羲之的神韵。还有的老师并非教授英语，但偶尔也会说出几句英文，如：That's the best! 真出色；You're wonderful! 你真妙极了；You learned it right! 你做对了。这些表扬随时、随地、随人、随性，或夸张或调侃，同学们在一笑当中受到了鼓励，使表扬春风化雨般浸入心田，于无形中挥洒自如，不但活跃了课堂气氛，而且也在不露痕迹中达到了鼓励学生的教育目的。

间接夸奖更有力量

直接夸奖太频繁可能起不到激励的作用，教师不妨在恰当的时机，很自然的在背后表扬。也就是在本人不在的情况下，对其他同学热情的表扬这个孩子的优点，学生之间传递过去的时候，被表扬的同学会有一种特别的感动，他们更加相信教师对他的赞赏是真诚的，这要比当面夸奖更具有激励作用。

表扬是教学工作的辅助手段，一个微笑、一次点头、一句赞扬、一段掌声，都可以给学生积极的鼓励。不要吝啬我们的表扬，恰当的表扬就是给孩子们有力的扶持，而我们的任务，正是帮助他们走得更远。

第八节　批评的艺术

学生在学习的过程中常常有不同的表现，因为他们正处在由不成熟走向成熟的阶段，难免在生活和学习中犯一些错误，教师作为教育者，就要利用批评这个方式，推动并帮助学生改正错误，不断完善自我。

没有批评的教育是不完整的教育，而教师怎样批评正是我们要研究的一个课题，如果批评不恰当，学生很容易产生叛逆心理，错误会愈演愈烈。教师批评的艺术是在长期的教学实践当中分析总结出来的，恰当的批评，成为推动个人和社会发展的动力，越来越受到教育工作者的重视。

我国著名心理学家、教育家林崇德教授认为："表扬是爱，批评也同样饱含着对学生的爱。"即使批评，也要基于教师对学生的爱护，有爱的教育才是人文的教育。理解、尊重、关怀、鼓励是批评始终应该遵循的准则，真诚的思想交流，才能取得批评的最佳效果。

批评时不忘对学生的尊重

青少年正处在心理发育时期，这时往往自尊心极强，教师的批

评不可语言过激，更不能冷嘲热讽，一定要考虑孩子的心理承受能力，多站在他们的角度考虑问题。批评到点上是对的，一定不要让孩子过分难堪。长期的教学经历会告诉我们，常常是一次不恰当的评判造成他们一蹶不振。不但达不到批评的目的，还给孩子的心理成长带来了阴影，长期下去，部分孩子一则自暴自弃，一则敏感叛逆。教师只有充分的理解学生尊重学生，才能在批评中呵护，在责备中关怀，学生才能暗自扪心自问，才能事后诚心改过。

批评场合的选择也很重要

随着孩子年龄的不断增长，他们的自尊心越来越强，越来越不喜欢教师当众的挖苦。如果学生的错误性质比较严重或带有共性的问题，就应当当众批评。这种场合批评威力较大，不仅能使当事人受到深刻教育，对其他学生也起到了敲响警钟的作用。如果需要当众批评，语言一定要相对委婉。而其他情况，教师最好选择单独交谈。切忌在班级、操场、教室走廊等大庭广众之下大声斥责。部分学生会觉得在这种环境下是当众出丑，自己的难堪会归罪于教师对自己的厌恶，因此产生逆反心理或报复心理，甚至在以后的课堂上变本加厉，愈发不服管教。

批评要找准时机

学生犯了重大错误之后，心情依旧难以平静，他们当时所想的都是别人的不对，如果立即批评，他们出于当时的自尊或延续的怒气，都有可能说出言不由衷的话。这时教师可以先沉默，给他们一点反思时间，等冷静下来之后，更容易理智地接受教师的批评，甚至有的同学会主动找老师承认自己的错误。不过时间也不宜隔得太久，否则缺少情境，便达不到教育的效果。

就事论事，批评要有针对性

学生的点滴表现都记在教师心里，这是教师认真负责的表现，但不要在批评学生时把以往的错误一一摊开。有些教师以为这样的批评更有力度，一棍子打蒙，看你还有什么辩解。但是却不知道这是学生很反感的一件事，有时还有避重就轻之嫌。批评要有针对性，是什么问题就分析什么问题，教师应该帮助学生共同找到解决问题的办法，而不是要把他压倒。如果教师是一副秋后算账的架势，学生得出的结论是这个老师早对自己反感厌恶了，他们的自卑心理随即产生，哪里来热情和信心改正错误？批评要一事一议，批评不是小题大做发泄教师不满的情绪，批评是为了弥补不足，帮助学生完善自我。

关注个性，区别对待

批评要看对象，对象不同，批评的方法也不同。在教师通过调查研究掌握到第一手材料之后再进行批评教育。但是个性特点不同，承受能力也不同，批评时就该区别对待。性格开朗乐观的，可以当众批评；性格内向自卑的，就要单独批评；性情懒惰的，需要严厉批评；情绪激烈的，要平心静气的批评……不管采取哪种批评方式，都要根据学生个体的承受能力和接受能力来确定，对症下药的目的是让他们认识到自己的错误，指导今后的行为。

批评中不要忘记给学生希望

批评主要说的是孩子的错误，在批评当中教师还要考虑孩子的心理变化，是不是承认错误了，却觉得自己已经一无是处？为了避免这种情况，有经验的教师常常在批评当中穿插表扬，这里面的表扬是为了让他们知道，他们还有许多优点，只要努力，他们依旧会很优秀。这样，学生不但对批评容易接受，更能对自己以后的在校生活充满希望，著名教育家陈鹤琴说："无论什么人，受激励而改过，是很容易的，受责骂而改过，比较的是不大容易的。"教师的批评要适当，而同时的表扬也不要过火，点到为止也能给他们力量。

做好批评后的善后工作

批评这是事件的后续环节，但是并没有结束，学生是否接受了老师的意见，老师要继续了解情况。批评可以严厉，善后必须做得妥帖，多与学生沟通与交流，继续扫清他们改过路上的荆棘。善后的交谈不同于先前，态度要更加诚恳和婉，最好以商谈的口气，从而发现他们心理残留的问题，并以平等的方式给予解决，多鼓励多支持，以期获得学生的信赖与爱戴，增强他们奋斗的信心。

总之，批评学生既要体现出教师对学生的尊重、信任、热爱，同时也要有严格的规章制度来规范约束学生的行为。多年的教育实践表明，批评学生时一定要尊重学生，注意批评的方式方法，讲究批评艺术，给学生以良性刺激，让学生的过错给其一生带来积极影响，使其成人成才。

批评要讲究方式方法，但是尊重是始终不变的原则，有人说

"过度的严厉会造成恐惧，过分的温和会有失威严。不要严酷得使人憎恶，也不要温和得让人胆大妄为。"所有一线的教育工作者，让我们以此共勉吧。

第九节　肢体语言的恰当运用

课程改革给我们的教学带来了活力，随着课改的深入开展，教师开始探索利用多种教学辅助手段，如多媒体、实物教具等。肢体语言也是重要的辅助手段之一，肢体语言往往是直接体现内心真实意图的表情和行为反映，也可称之为体态语言或无声语言。它主要包括手势、眼神、动作及姿态等，是有声语言的重要辅助手段和补充。

研究证明，在传递人和接收人面对面的沟通过程中，7%的信息由语言传播，55%的信息由面部表情以及身体姿势传播，38%的信息由音量的高低及其变化传播。它依附有声语言而存在，具有鲜明的直观可感性。在教师课堂教学中，以无声的形式表现，却达到了有声思想交流的效果。

教师富有变化的语调、丰富的面部表情、恰当的手势、饱含深意的眼神，都可以悄悄地吸引学生的注意力，感染学生情绪，激发学生学习的积极性，活跃学生思维，创设和谐的课堂氛围，达到优化课堂、优化师生关系的作用。

用面部表情传递情感

现代的学生越来越喜欢活跃的课堂，如果教师总板起一张面孔，

容易形成沉闷的课堂气氛，势必影响学生对知识的接收和掌握。教师如果利用丰富的面部表情会还学生一个轻松的课堂。教师常以微笑面对学生，不论是课上还是课下，都会给学生一种亲切感，带给人愉悦的感染，学生从教师的微笑当中，感受教师平易近人的一面，教师的关怀、理解、友爱都可以在这一笑当中传递。课上的微笑使学生放下紧张的心情轻松的听课，课下的微笑拉近了师生间的距离，在学生成功时给予的微笑表示赞扬，在学生失败时给予的微笑表示鼓励。

当然微笑不代表教师就没有尊严，该怒的时候依然要板起脸，该怀疑的时候依然要蹙起眉。激动的时候可以慷慨激昂，高兴的时候可以开怀大笑。做个性情中人，坦诚而率真，不矫揉不造作，不装腔作势，为学生作出表率，影响他们活泼开朗，不压抑自己的个性，促使心理健康的成长。

眼神是无声的语言

都说眼睛是心灵的窗口，一双眼睛传递着人们的喜怒哀乐，教师也可以充分利用自己的目光，与学生进行无声的交流。眼神可以表示赞赏，给他一个微笑，表示对他的肯定和赞扬。眼神可以表示警告，在某个学生不认真听课的时候，严厉地看上他几秒钟，胜过语言批评。眼神可以表示失望，失望到无声，引起的是学生深深的自责。眼神还可以表示鼓励，在学生犹豫不决没有勇气的时候，微笑的眼神告诉他"你完全可以"……眼神中包含的期待、询问、关爱、欢喜都能在瞬间与学生交流，眼神在某些情况下是无声胜有声的，因为其中包含了师生间的一种信任和默契。心灵的交流在眼神交汇的那一刻完成，无声无形中已达到教育目的。

手势也可以表情达意

应该说，在日常生活中，手势是非常重要的辅助语言，它可以传达出内心所有要表达的意思。而对于教育工作者来说，手势不但可以辅助学生理解教学内容，还可以表达情绪创设气氛。不单是体育教师，许多教师都在自己的课堂教学中运用手势解释教学内容，人们所说的"比手画脚"，起到的也是这个作用。语言表述配以恰当的手势，可以帮助教师突出重点，帮助学生理解难点。感性的描述和手势讲解，渲染了气氛鼓舞了情绪，给学生留下深刻的印象，获得事半功倍的效果。

还有一些教师善于运用手势表明自己的态度，如平手微抬示意学生起立，竖起大拇指表示你很棒，紧握一下拳头表示相互鼓励。另一些教师偶尔抚摸一下学生的头，表示对学生的关怀，碰碰后背表示提醒，按按肩表示鼓励或安慰。这些细微的动作不夸张不做作，使学生感受到了老师的理解和关怀，对老师会加倍的信赖和爱戴。

肢体语言不拘一格，不管哪一种肢体语言，在课堂上都是教学方法的一种再补充。肢体语言无需过分设计，过分形式化、表演化会引起学生的反感，因为容易接受的爱绝非刻意，爱是自然的流露。

第二章　教师与课堂

　　课堂是教师传授知识的主要阵地，教师如何掌控课堂，是教学成败的关键。一名优秀的教师要能充分发挥学生的主体作用，把课堂交换给学生，做到独立思考与合作探究的有效结合。还要通过精心设计，力求自己的课堂生动有趣，带给学生学习的快乐，并启迪学生求知的欲望。

第一节　教学目标的制定

　　教学目标是课堂教学的灵魂，恰当的目标制定，确定了教师的整个教学思路，左右了教学活动的最终效果。课堂教学目标是教学活动的出发点和归宿，它不但是教师教的指引，也是学生学的目标。明确的教学目标，对教学起到了导向、激励、调控和评价等作用，我们也可以从中看出教师对教材的整体把握程度，以及教学活动的重点和可能体现出来的时代气息。

认真研读大纲和教材

　　在透彻地掌握了教材之后，与学科教学大纲相结合，制定本课课题的教学目标。大纲的教学目标是分步完成的，先分配到各章，各章分配到各节，各节分配到各课时。小流汇成大海，最终完成整本书的任务。

考虑学生的接受能力

要对自己的学生心里有数，制定的目标要符合绝大多数学生的接受能力。这包括学生的学习基础、学习习惯、学习方法、心智水平等方面。制定教学目标要充分考虑这些因素，施以什么样的课堂，收获什么样的成绩。我们要考虑目标是否既符合本班孩子的当前水平，又能让孩子拔拔高，具有一定的挑战性。

要有明确的分类

布鲁姆的"教育目标分类法"把教育目标分成三类：一是认知领域的教育目标；二是动作技能学习领域目标；三是情感领域的教育目标。认知领域的教育目标可分成知道（知识）、领会（理解）、应用、分析、综合、评价。动作技能学习领域目标可分成知觉、定势、指导下的反应机制、复杂的外显反应、适应、创作。情感领域的教育目标可分成接受或注意、反应、评价、组织、价值与价值体系的性格化。

我国现推行的教学目标的分类，多是从布鲁姆的"教学目标分类"法演化而来。这三个目标虽然各有侧重又相互作用，是相辅相成有机融合的关系。教师在具体制定当中可灵活应用，遵循最概括、最简化的分类，又能涵盖教学内容与教育内容。

要兼顾学生的视角

既然制定教学目标的目的是为了孩子的学习，所以在表述当中

就应该从孩子的角度出发，注意措辞的传达效果。比如，以前我们说"教会学生做什么"，这是站在教师的角度，如果改成"学会什么"就改变为学生的角度了。因为需要向孩子表述，所以改变措辞可以帮助学生明确这一课要达成的目标。

目标表述要具体正确

美国《教学行为指导》表述教育目标的四个要素：1. 学习主体，学生是学习的主体，亦即教育目标指向的对象。2. 学习行为，指学生干什么及其学习结果的类型。3. 学习条件，指制约学习行为及其结果的条件。4. 学习程度，指预期学生的课堂表现和学习结果所要达到的标准。总之，遵循以上几点去制定教学目标，所表述的即是本节课可评估的学习结果。

教学目标要凸显重点和效果

一堂课的时间有限，目标要凸显教学重点，令人一目了然。泛泛而谈的目标会让人摸不着头脑，没有明确的指向性。凸显重点和预期效果，指明了教的重手拳在哪里，学生才可以对此格外的用心，从而准确顺利地完成任务。

教学目标要简明，数量要适中

明确的教学目标使师生有的放矢，太过复杂化太过繁多的目标反而令人抓不到重点。所以教师在制定教学目标时，要经过反复考虑，在众多内容中选出主干删减庞杂，进行明确简洁的表述。直观性强的教学目标更有利于教师操作。

教学目标要有检测性

简明可行的目标多具有检测性，像一些理念性的目标便无法检测，所以教师制定目标时一定要分清什么是学科总目标，什么是课程理念或教改理念，我们要制定的只是本节课课题的教学目标，它一定是明确可感可测的。

教学目标对于整节课来说起的是导航的作用，优秀的教学目标的制定，为课堂开启了成功之门，而打开这扇门的钥匙，正握在教师手中。

第二节 课堂教学模式的构建

新课程实施以来，教师不断树立起新的教学理念，不断探索有效的教学模式。这些新的探索，目的在于转变固有的教学方式和学生的学习方式，更注重学生的经验和体验。从这一点出发，教师的研究提高了修正调适课程的能力，为学生的有效学习提供了有力保证。

有效的教学模式遵循了教学活动的客观规律，符合学生对知识接受的能力，取得了较好的教学效果，得到了教师和学生的肯定。

传统讲授型

一些理论强、学生参与性较差的教材需要采取传统的讲授法，步骤多为：出示目标——讲解内容——提示重点难点——达标练习

——课堂小结。在教学过程中不能因为是教师直接讲授就不顾及学生的接受能力与课堂反应，死气沉沉的课堂气氛是旧有模式的弊端。教师要做到边讲解边创设问题引起学生思考，让学生的思维与老师的讲解同步进行，循序渐进，慢慢释疑，同样能达到让学生接受知识引起思考的效果。

体验探究型

教师在教学中要客观地承认学生的个体差异，尊重个体差异，鼓励学生深入社会积累生活经验，因为作为社会的一分子，我们每个人都不可能脱离这个大集体存在，学习的终极是生活，所以用生活指导学习，才不是空中楼阁，培养的才是真正的社会的人才。社会即是一个大课堂，一次实践活动给学生的教育，有时候胜于几倍的说教。学生是生理和心理都在成长中的个体，每个人都有自己不同的人生感悟，丰富的心理体验蕴藏着无穷的能量，用学生的所感与教材结合，使之感到亲切，才是学为所用。因此，与现实生活较近的课题，就该鼓励学生走进社会，调查、了解、评判社会的一些现象，这是对学生实践能力培养的有效途径和教育契机。

在整个探究过程中，教师既是组织者和参与者，又是引导者与服务者。采用这种模式要制定周密的计划，规划具体的实施方案，提供充足的条件，布置明确的学习任务。体验之后有探究和总结，才能圆满地完成教育任务，取得预期教育效果，丰富学生的学习生活，调动学生学习的积极性和主动性，解决课本与生活脱节的矛盾。

自主合作型

学生是课堂的主人，教师引领学生学习知识，要培养学生良好的学习习惯和科学的学习方法。自主合作学习就是一种学生主动学习的模式。这就要求学生在课前根据教师的要求收集整理资料，做好预习工作。收集整理资料的同时，学生获得了大量的信息，扩大了学生的知识面，筛选资料的过程又锻炼了学生自主评判处理信息的能力，这就是自学能力的一部分。提前做好预习，带着问题上课，才能做到有的放矢。课堂上信息的交流讨论，不但信息共享，而且训练了小组合作能力、团队解决问题的能力。

再经过组与组与教师之间的交流，完成学习任务。这个步骤是核心步骤，讨论时可以各抒己见，激发学生的潜能，引导他们质疑、思考、探索、创新、汇总，直到解决问题。

自主学习培养了学生良好的学习习惯，激发了学习热情，变被动学习为主动学习，为孩子将来的学习工作奠定了基础，使他们一生受益。

自学辅导型

相对于自主合作来说，自学辅导型完全是一种自学模式。难度大的教学任务，教师可稍加讲解，教材难度较小的可以先完全不讲，让学生独立去完成教学任务，如发现问题不能解决，教师再根据具体情况采取单独辅导或是全班讲解。这种模式调动了学生最大程度的学习主动性，完全把自己放在思考探究当中，充分锻炼了学生的自学能力。

情境感染型

情境感染是依据教学要达到的目标决定的，一般在语文课、政治课、历史课等课上选择的教学模式。如教学目标是感悟母爱，教师就可以通过朗读范文、播放录音或多媒体展示影音等形式创设情境，让学生在情境的熏陶下体会母爱。再如教学目标是爱国主义教育，同样可以用这样的形式先声夺人，教师便不需要太多的讲解，学生就已经受到深深的感染，达到德育教育的目的。情境可以由教师创设，也可以根据学生准备的材料创设，有时候还可以事先布置由学生创设。学生身临其境的体验，既能增强学生的感性认识，又培养了学生良好的社会情感。我们教育的孩子应该是善良、博爱、懂得感恩、懂得回报的社会型人才，因此教学中的德育教育不容忽视，而教学当中的情境感染模式便是可取的途径。

模拟表演型

学生喜欢把对教材的理解用一种全新的形式展现出来：一种是以课本剧的形式；另一种则是根据教材涉及的领域，把生活中的故事再现的过程。对于这种模式教师只要预留任务，让学生自己完成就可以，学生们会根据自己的生活经验设计好剧本和情节，再分角色进行表演。在表演之前，教师应该就时间、主题等给出明确的要求。表演中可以借助其他手段，在音画方面给予辅助。表演后，对演技优劣的评价最好放在课后，重点引导学生评价内容，表演只作为教学的手段，不能脱离教学目标。

学生表演的前后经过，实际是他们对生活的认识及感受的过程，是一种情景再现，强化了对社会生活的感性认识和理性思考，为下文的讨论总结打下了基础，并加速了学生正确人生观、价值观的形成。

教学模式不拘一格，没有一种模式一定单独存在，一些学校就是成功选择了切合实际的教学模式进行教学改革，取得了瞩目的成绩，如盘锦课堂教学模式、洋思教学模式、杜朗口课堂教学模式等。总之，只要立足实际，立足课程本身，立足以学生发展为主，制定客观科学的教学目标，选择切实可行的教学模式，就能顺利有效地完成教学任务，就是具有教育价值的成功尝试。

第三节　分层次教学的实践过程

美国教育家布鲁姆认为，只要为学生提供足够的学习时间与适当的学习帮助，95%以上的学生都能够达到确定的教学目标，获得优异的学习成绩。在新课改的形式下，学生更多的要求得到教师的关注。但是班里学生学习水平参差不齐，教师的讲课一刀切形式，只能照顾大多数，而那些接受能力较差的孩子就很容易掉队，另一部分接受知识能力强的孩子常常不够吃。面对这种情况，就需要教师在班级中实行分层次教学。"分层课程"教学模式力图实现以学生为中心的教学，创造一个学生能自主控制的学习，并为其所选择的层次的任务负责的学习环境。在学习过程中师生能充分的交互作用。分层次教学是对每一个学生负责的教学形式，能增强学生学习的自信心，同时也督促教师全面素质的提高。分层次教学的具体实施如下：

学生分层次

教育心理学认为，在人的发展过程中，由于受到各种因素的影响，各人的发展存在着不同的差异，心理学称之为"个别差异"。分层教学就是针对学生在智力、非智力因素发展中的个别差异，有的放矢，区别对待，从不同的学生的差异中寻求教学的最佳结合点，使全体学生都能得到主动、和谐的发展。

所以教师根据学生的学习成绩、学习能力、蕴藏的潜力等多个方面把全班学生分成 A，B，C 三层，人数比例为 1：2：1。

A 层学生指基础知识相对较好、接受能力强、潜力大的学生。这类学生对学科学习兴趣特别浓厚，课堂内外学习时间的浪费，妨碍了其最大限度的发展。

B 层学生指基础知识一般的学生，能跟上教师讲课的步伐，但是成绩不是最优秀。

C 层学生指基础相对较差、接受能力也相对较差的学生。他们始终跟不上教师的步伐，不能集中全部精力投入学习，由于长期难以产生成就感而丧失自信心，进而失去学习的兴趣，放弃学科基础知识的学习，沦落为"后进生"。分好三层之后再对全班学生进行统一分配，把所有学生按 ABC 的形式分成若干小组，每一小组人数在4 到 6 为宜。

教学目标分层次

根据不同层次的学生制定不同的教学目标。

A 层学生适用于发展目标。要求学生除完成现行新课程标准所规定的目标外，在知识和能力培养方面继续拓宽和加深，注重发展学科特长。

B 层学生适用于中层目标。要求学生按照现行新课程标准的要求，使学生较好地掌握基本知识结构和运用语言的能力，使学习成绩有明显进步，以致到达优秀。

C 层学生适用于基础目标。要求学生听懂教师当堂所讲的基础知识，并能牢牢把握，再向灵活运用知识努力。

授课过程分层次

前两项工作是这一项工作的基础，授课过程分层是具体实施过程的核心环节。

A 层学生要培养自主学习能力，在掌握基本目标之后可以做一些拓展练习，以开拓思路，培养在这个学科方面的特长。

B 层学生要在教师的带领下学习，能顺利完成教学任务，通过反复练习，牢固掌握基础知识。

C 层学生要在教师个别辅导的情况下，完成最基础的习题，同时培养他们正确的学习习惯。

练习过程分层次

给同样时间做不同难度、不同数量的练习，其中可以以小组的方式进行，A 层学生直接对 C 层学生有辅导任务，B 层学生之间讨论生成最终结果，如有异议，再找 A 层学生指导。练习分层的好处是使 A 层学生有了一个展示提高的机会，增强了他们的荣誉感和团队精神，而 C 层学生因为受到同学耐心细致的指导，为了不拖后腿，

一定加倍努力学习。同时这种分层练习的形式也避免了教师在课堂上对 C 层学生照顾不全的现象。

作业预留分层次

不同水平的学生可以预留不同难度、不同数量的作业

C 层学生留标准性基础题，要和教师在课堂上所教授的例题相近，数量不宜过多。

B 层学生在做完基础题后，可以适当增加题量或者增加少量略有提高性的试题。

A 层学生要求除了基础性作业以外，一定要配以一定难度的综合性的试题。

课后评价分层次

整个教学过程完成后，要有阶段小测或者作业评价，不同的学生评价也不尽相同。

对于 A 层学生的要求自然高于其他学生，教师可以从精确度和创造力方面来评价。

对于 B 层学生的评价要客观事实，表扬进步之处，还要指明上升的空间，以激励他们投入更大的热情去赶超优等生。

对于 C 层学生的评价要多包容和赞赏，多看到他们进步的方面，及时给予表扬，让他们感受到成功的喜悦，以培养他们的自信心。

分层次教学是一种新的教学尝试，这势必要求教师要加快成长的脚步，努力提高自身素质。只有渊博的专业知识和丰富的教学经验才能充分满足学生的求知欲。当然，没有一成不变的教学方法，

在分层次之后，教师还应该随着学生的发展进步，对已有分层进行及时调整。

实践证明，分层次教学是一种有效教学尝试。在实施过程中既尊重学生的个性，面向全体学生，充分发挥主体与主导作用，又打造自主合作学习的高效课堂，立足发展学生各方面能力。不但给予优等生充分发挥能量的空间，而且消除了其他学生的自卑感，为创造和谐平安校园做出了一定的贡献。

第四节　关于提高课堂练习有效性的思考

课堂练习是学生学习巩固知识的重要环节，它直接关系到教学的质量和人才培养的实际价值。教师通过扎实到位的练习，使学生掌握知识，形成技能。

练习的有效性取决于练习的设计和练习的组织这两个环节。这两个环节也是教学准备与教学实施的两个过程，只有这两个环节相辅相成，相得益彰，才能提高学生的学习能力，保证课堂教学的有效性。

课堂练习的精心设计

练习的形式不一而定，有针对性练习、比较性练习、变式练习、开拓性练习、开拓性练习等，不论哪种练习形式，都是根据课程需要而定，教师可以根据具体情况具体分析具体选择应用。

课堂练习设计首先要熟悉教材，明确课堂要完成的教学任务，明确了教学任务，确定了这节课要解决的问题，设计的课堂练习才

67

有针对性，才能对教学目标负责。

练习要难易适中有代表性。这一环节不但要考虑教材的难易，还要考虑学生目前的知识背景。教师在备课中就要对练习的形式、内容、难度、数量做一总体把握，要能分辨出富有启发性、代表性的练习题，并作精心挑选。备教材、备学生，充分的前提准备是成功的基础。

课堂练习要有梯度、有层次性。学生的知识水平参差不齐，一刀切的方法不适合全体同学，在选择题目的时候，尽量选择基础题和提高题两个难度，由易到难，循序渐进，逐渐提高，以适应不同知识水平学生的学习要求。

课堂练习有时间要求。练习时间太短，练习不充分，所学知识只停留在暂时的理解上，学生不能充分掌握。时间太长势必挤占了其他环节的时间，不能按时完成任务，形成拖拖拉拉的性格。因此，教师把时间安排在 10 到 15 分钟为宜，简单易学的少安排时间，不容易掌握的可以多加练习，或者在课下作业的预留上，适当倾斜。

课堂练习尽量结合实际。学习是为了更好地服务于生活，学习不是空中楼阁，随着教改的实施，教师一定会注意到不论是课本还是习题，越来越多的人开始关注人们的生产生活。因此，贴近生活实际的练习才是时代的要求，也更引起学生兴趣，学生更乐于探讨。

课堂练习的灵活组织

1. 全员参与，课堂是每个学生的课堂

调动起每一个学生的积极性，不是一个学生做旁观者，是练习初期教师应该关注的问题。但是学生层次差别较大，怎样才能使每

个人都发挥自己最大能量呢？首先教师要正确对待这种个体差异，了解不同层次学生的水平能力，设计符合个性特点的习题，找到适合的练习办法。习题本身分层次是一个很好的方法，从基础题做起，对于成绩教差的学生规定在同样时间里最好完成几道，对于成绩出色的学生可以加大题量。

还可以利用学习小组的形式，相互间讨论讲解，共同完成任务。在小组活动的过程中，要求先进帮后进，共同进步。思维较快的同学在帮助其他同学讲解的同时，树立了自信，加深了印象，巩固了知识。并且，学困生总在别人的帮助下，这就迫使他们加倍努力学习，不再拉后腿，跟上大部队。尤其文科题目，在小组探讨的时候，每个人都参与思考，启发了思维，锻炼了探讨问题的能力。

2. 查漏补缺，快速提高

因为是新接触的知识，在练习过程中学生出错的可能性较大。教师此时不能简单的订正答案就草草了事，而是综合分析这些错误，对有共同性的错误教师再重新讲解，这很可能是教师在初讲时讲解不清楚，大部分学生没有听懂，重新讲解是对自己工作的一种补救。如果是个别问题，或是教师个别辅导，或是学生间一帮一辅导。其实错误出现并不可怕，这恰是一个发现问题、解决问题、快速提高的过程，在寻错的过程中究其原因分析总结，知识掌握会更牢固。

3. 深入掌握，自主出题

在对知识有一定掌握之后，教师还可以鼓励学生自己出题，把学生认为易错的题目记录下来，然后同学之间交换。出题之前学生要深入地钻研教材，这是复习的过程；要认真考虑自己的题目，这是再练习的过程；要做别人给他出的题目，这是相互检测的过程。

一举多得，何乐而不为。

4. 小组竞赛，训练速度，激发热情

知识掌握稍牢固的情况下，教师可以开展竞赛的形式。题目设计要有梯度，要考虑小组人数，最好每人一题。竞赛当中学生要学会分工合作与团结协作，在分步完成与相互照应中完成比赛，既调节了气氛、训练了速度，又培养了他们的协作能力和团队意识。

5. 放开思路，鼓励创新

练习的答案不是唯一时，教师可以鼓励学生探索新的解题方法，这是学生探索创新的过程，这样的学生往往思维更敏捷，思路更宽广。善于思考、善于创新的学生是学校教育应该有意识培养的人才，因循守旧只能把工作做完，但是具有创新精神的孩子，可以把工作做得更好。所以说，交给他们方法胜于交给他们知识，因为方法是他们将来独立行走的技能。

练习后的评价与反思

评价的方式并不唯一，正确错误是最简单的评价，但是对于培养学生的健全人格来说，这还远远不够。有效的评价应该体现出学生的解题思路、方法、过程、习惯、能力和品质等各方面情况。所以在时间允许的情况下，教师可以利用评语评价学生课堂练习的表现。对课堂练习的评价过程也是教师与学生情感、思想交流的重要平台，更是提高课堂教学有效性的有效途径。

反思是后续工作，教师根据课堂练习的情况重新审视在整个环节的设计中存在的闪光点和不足，以指导今后的工作。而学生也要反思自己在当堂课中，还有哪些知识掌握不牢固，好及时采取补救措施。

　　课堂练习有效，需要教师过硬的专业知识和一定的教育智慧，经验是在工作当中学习、摸索、积累而来的，多用心，多思考，我们同新课程共同成长。

第五节　课堂气氛的掌控

　　一堂成功的好课，一定具备融洽的课堂气氛。如何通过课堂授课，激发学生学习的兴趣，充分调动学生学习的积极主动性，是教师课堂教学追求的目标。教学的过程，其实是心理活动的过程，从一堂课的课堂气氛，我们多少能看出师生双边学习的效果。教师追求的课堂气氛无非是让学生在轻松愉快的心情下学习。心情放松舒畅，有利于学生对知识的掌握，而沉闷压抑的课堂，只能使学生逐渐失去对学习的兴趣。孔子曰："知之者不如好之者，好之者不如乐之者。"因此，如何掌控课堂气氛，成为一线教师一直研究探讨的重要课题。

　　深入课堂后，往往课堂效果不如预想的理想，究其原因不是因为我们没有充分掌握教材，也不是我们对学生不够了解，多数原因是我们忽视了课堂的随机性和多变性，没有充分认识教学方法在课堂中重要的地位。知识虽然是发展更新的，但是就教师与教师对教材掌握的程度来说，没有很大差别，差别就在教师的个人实战素质，即经验与方法。经验和方法是不断学习、反思、积累中获得的，总结起来，课堂掌控方法如下几种：

授课难度适当，环节设置合理

备课当中首先要考虑授课难度，也就是要考虑授课内容是否符合学生实际的认知水平。授课内容如果难度大，教师可以考虑分课时进行，由易到难，点点突破。学生接受起来相对容易了，才有可能活跃课堂气氛。所以说，授课的难易程度是决定课堂气氛的先决条件。根据所授内容，教师要精心设计教学环节，虽然课堂上的随机性很强，但是哪里提问哪里讨论也要在心中有数。不能课前就是满堂灌的计划，那样，死板的课堂沉闷的气氛等于提前预订。

教师语言幽默风趣，声音高低适中

古人说："教人而不见意趣，必不乐学。"教师传授知识的媒介是语言，教师的语言素质在极大程度上决定着学生在课堂上的脑力劳动效率。出色的语言表达能条理清楚地传授知识，语言的机智幽默，更能使表述有声有色。风趣幽默的语言就如同润滑剂，在枯燥的行进当中加入了色彩，使赶路之人忘记了疲惫。有笑声的课堂才是轻松的课堂，学生放下紧张的情绪轻松上阵，愉悦的心情帮助他们快乐地接受知识，效果不言而喻。

幽默不等于过火，更不是为了搞笑，适当的幽默优化课堂，过分的幽默喧宾夺主。不能为了幽默而幽默，不能因为幽默就失去该有的严肃，甚至变成表演课。学生只顾笑，却不知笑的根源，往往课下回忆本课的教学内容时已记忆不深。因此，记得这节课的任务是什么，不可太过随意，不能脱离教材的内容和实际需要。蜻蜓点水的幽默，既活跃了课堂，又不失学生对教师的尊重和喜爱，而且还能加深学生对知识的记忆，体现了教师自如的教学智慧。

用提问或讨论的方式活跃课堂气氛

满堂灌势必造成学生注意力不集中，走神或者困倦也时有发生。在教师讲解当中穿插适当的提问，不但是对教授内容的即时检测，而且使所教知识点以提问的方式、以知识链的形式展现在学生面前，对单调的课堂起到调节的作用。提问的形式可以灵活多样，集体回答与个别回答穿插进行。对有争议的问题也可以采取讨论的形式，采用这种方法时，每一个学生都有发表自己看法的机会，激发起学生的兴趣和求知欲，使每个学生都能积极地参与进来。在讨论中教师更要发挥自己的主导作用，讨论不怕激烈，但要观察学生们讨论时是否有借机说不相干内容的情况，如果有要及时制止。还要掌控讨论的时间，当问题初步解决时就可以叫停了，如果遇到意见高度不统一时，教师或者出示正确答案予以讲解，或者因为时间不允许而留作课下作业。

情景创设法先声夺人，给学生不同的心理体验

情景创设多用于文科，根据教材的特点和教学条件的情况，教师可以设置相关情景辅助教学。如讲述生动的故事引发思索、播放音乐烘托气氛、观看影音文件模拟情景等都是不错的办法。在教学当中要有意识的学科整合，多采用多媒体辅助教学，在情景当中学生的心理有了丰富体验，激发了他们内心的感触，引起认知上的共鸣。不但有利于对所学知识的理解，还丰富了课堂、活跃了气氛。使课堂不再呆板，学生体会到学习的乐趣，学习热情空前高涨。

动手实践更符合学生的认知习惯

十几岁的孩子正处在对外界充满好奇的年龄，他们更喜欢亲自尝试。所以在课堂上让孩子们尽量多动手做、动口说、动笔画，抽象概念很容易从形象感知中剥离出来，学生易于理解和记忆，这是学生尤其喜欢的方式。使原本被动的学习变成了主动感知，学生兴趣浓厚，引导了学生最大限度地参与，增强了学习的积极性、主动性，达到乐教乐学的教学效果。

师生合作，激发学生学习热情

教师除了站在讲台上的教授，其他学生的学习活动很少参与其中，一般只是旁观指导。课堂上如果老师能跟学生一起完成学生活动的环节，能使沉闷机械的课堂充满生机和活力，因为教师的参与在以往的形式中添加了新鲜血液，改变了一成不变的格局，学生会因此而情绪高涨。例如小组竞赛、合作朗读等等。所以，教师应该多参与学生的学习，跟他们一起探讨，一起研究。不但拉近了师生之间的关系，还激发了学生学习的热情。教师在活动当中可以第一时间了解学生对知识的掌握情况，以便及时的调整教学步调。

良性竞争机制，引发学生进取心

每个孩子身上都有好强的天性，有计划、有组织地引入良性竞争机制，可以充分调动他们进取的热情。竞争不是放任自流，教师要精心设计全程掌控，以小组为形式的竞赛，学生会踊跃参与，谁也不愿意给小组拉后腿。舒放个人天性的同时又培养了集体意识、团队精神。个人之间的竞赛在班级容量小的情况下更有利于进行，或者临时的朗读比赛、速算比赛等。

情景剧表演，可以渲染课堂气氛

语文课上有课本剧，政治课上有故事片段，历史课上有励志故事，在课堂沉闷的时候，教师都可以让学生即兴表演，有时也可以提前安排。评价不在表演技巧是否高超，而是锻炼学生的理解力、表现力，提高学生参与课堂的意识。

课堂是学生学习的环境，良好的学习环境培养良好的学习习惯，但是教师不能为了单纯的追逐课堂气氛的活跃而使课堂失控，收放自如、张弛有度是教师美好的素质。我们所想的所做的，都是为了使学生在良好的环境和条件下，锻炼分析问题、解决问题的能力。

灵活多样的教学方法可以使学生耳目一新。教学方法的恰当应用是避免课堂沉闷的又一良方。单一的教学方法枯燥乏味，学生的思想容易产生惰性。我们要根据自己班级学生的实际情况选择合适的方法，提供具体的内容，生动活泼的形式，新奇动人的事物，以恰当的手法表现出来，让学生真正地体会到其中的乐趣。

第六节　课堂突发事件的处理

课堂教学是培养学生的主阵地，是教师与学生接触最多的场所。课堂教学的顺利进行，是完成教学任务、提高教学质量的有力保证。因此，在新课改的形式下，教师亟待提高的素质之一就是提高课堂

调控能力。其中最棘手的莫过于课堂突发事件的处理，它考验的是教师的心理素养和应变智慧。

突发事件最直接的后果就是打断教师的教学行为，并把学生的注意力从认真听课转移到这个事件当中。教师处理得当，课堂教学依旧可以顺利进行。如果处理不当，不但完不成教学任务，还会激化师生间的矛盾，引起更大的课堂混乱。不过，突发事件也并不可怕，不同情况有不同的处理。它的解决需要一定的方式方法，是一门与时俱进的教学艺术。下面只以几种情况为例，希望教师们从中受到启发。

学生身体不适时

学生在课堂上忽然感到身体不适，教师应该第一时间询问病情。在给全班同学预留作业或者请其他教师管理课堂后，带学生去医务室，同时与家长取得联系。如果自己不是这个学生的班主任，还应及时通知班主任。

受到外界干扰时

外界干扰不是学生参与其中的，但是会分散学生的注意力。例如外面有吵闹，或者汽车飞驰而过，或者飞鸟侵入等。这类事件的解决，要看干扰是否会自行消退。自己消退的，教师可以停两分钟目视学生，既是等待干扰消除，又是示意学生应该注意听讲。如果是长久干扰，例如飞鸟侵入，教师就该及时排除干扰再开始上课。

课上学生违纪时

这类干扰排除起来最费心思，它又细分为多种情况。

1. 全体性问题

全体性问题要整体解决。比如课堂上乱哄哄，教师就可以用洪亮的声音及时制止。教师开始讲课或者采取练习、提问或测试的方式，把学生的注意力转移到学习上来。

2. 局部问题

不是大部分学生犯错，只是一两个学生的错误，就需要教师冷静地处理，不要把问题扩大化，以免耽误其他学生学习。

例如一两个学生在课上交头接耳或搞小动作，教师可以用眼神或语言立即制止，也可以忽然对其中一个同学提问，相关的几个孩子自然知道老师提问的缘由，这样在其他同学没有察觉到的情况下就制止了错误的延续，既挽回了他们的自尊，又不耽误课程的进行。

但是如果是激烈的矛盾，就该另一番处理。例如上课钟响过之后两个学生依然在口角或打架，教师这时就必须严厉制止，告诉他们，你们影响了全班同学，应该有责任感，先听课，下课再解决问题。如果学生因为怒火正旺，迟迟不肯平息，就先要把学生领进办公室交给相关老师看管，然后再继续上课。

3. 个别问题

对于个别问题的处理原则是尽量无痕处理，也就是尽量不要影响到其他人。情节较轻的可以利用眼神制止，或者一个动作暗示，如拍拍他的背、皱一下眉、敲一下他的桌子等。犯了轻微错误的孩子，老师一个简单的暗示更容易让他接受，从而立刻调整状态进入

学习。

如果个别问题已经造成对学生的影响，这时候教师可以采用多种方式处理：一是果断制止；一是幽默对待。例如一次课堂上，忽然从后面飞来了一只纸鹤，询问得知原来是班里的特殊生扔过来的，这个孩子有智障问题，教师对他如果严厉批评势必造成孩子心理的伤害，他会愈加自卑，教师也觉得一定不是这个孩子故意这样做的，于是说："你叠的这个纸鹤真好，你是个手巧的孩子，不过我想告诉你，下次不准飞了，因为老师和同学们都不喜欢看它在课堂上飞起来。"说完后同学们对他报以善意的微笑，相信这个孩子以后永远都不会再犯类似的错误。

另一类较严重的问题是师生间已经发生了冲突。这类问题是每个教师都不愿看到的，也是最棘手的。在不同的心境下，师生没有控制住情绪，已经僵持在那里，怎么办？首选是教师说："我们不耽误大家的时间，等课后再解决，你先到办公室。"让他到办公室有三个目的：一是如果让这个孩子留在课堂上，同学们便依旧停在刚才的氛围中不能认真听课。二是严重冲突后教师对他的束手无策继续展现在同学们的面前，对全体同学是非常不好的影响，一些特别难管的孩子就会向他效仿。三是双方需要冷静的时间和空间，等课后冷静些再解决会更顺利。不过，这类事情教师在整个教学生涯当中不会遇到几次，也希望我们用自己的涵养和智慧把问题解决在萌芽状态中，因为他们毕竟是孩子，和孩子的计较从另一方面说明教师的经验不足，处理问题的能力有待提高。对于某些学生来说，严厉不是最好的解决办法，你对他理解尊重关爱，也必定换得他的爱和尊重。

处理突发事件应该注意的问题

课堂进行时，突发事件不可预知，在处理突发事件时我们还应该注意几个问题：

1. 个别问题个别对待，切不可千篇一律

事件的偶发性决定了事件的个别性，事件的个别性就要求教师处理突发事件的方法要灵活多样。而存在个别性背后的原因我们可以探求，就是要充分了解学生的家庭、性格、品质。根据不同学生不同事件，教师再凭借教学的智慧顺利解决问题。

2. 教师语言要恰当，切不可讽刺挖苦

批评可以严厉，错误越大越应该严厉，直击他的要害碰触他的心灵。但是挖苦讽刺是对孩子人格的伤害，自尊心以这种方式受挫的孩子，对教师会产生反感和敌意，教师不但达不到教育的效果，还有可能使孩子走向另一个极端。

3. 课上遗留问题，课下要及时处理

冷处理是不错的办法，但是过分拖延时间会削弱批评的力度，便错过了思想教育的最佳时机。

教学是教师的本职工作，每一个教师都该明白处理突发事件的目的是什么，是要及时解决问题，是要帮助他们辨别是非，明白对错，最终是让学生重新回到学习中去。所以对孩子们多些尊重和呵护吧，他们只是幼苗，他们在成长中难免会遇到风雨，培土扶植就是我们的责任。

第七节　教师与学生的课下交流形式

教师与学生除了课上知识传授过程的交流外，还要重视课下的交流。教师要通过多种渠道了解学生的心理特点和个性特点，从而解决学生容易出现的学习上和心理上的问题。与学生深度交流是最直接的一种方法。

集体交流

面对多数学生的共同问题或者教师想了解整体情况的时候，适合集体交流。集体交流可以对多数学生普遍存在的思想和心理各方面的问题，进行有目的、有针对性地专题性辅导。

进行集体交流前教师发现的问题应该是普遍存在的问题，或者个别学生身上存在但是具有普遍性，例如：生日该怎样过才有意思？长大意味着什么？如何看待家长严厉的管教等等。

个别交流

遇到纯属个别学生的个别问题时，最好采取个人交流。这类学生个性鲜明，自尊心较强。心理上如果存在问题，不好帮他们解开心结，因此单独谈话时一定要有耐心，真诚的询问、细致的疏导会使学生觉得老师值得信赖，朋友式的交谈方式消除了学生心中的芥蒂，教师便很容易在思想上给他们指引。

书面交流

一些更内向的学生喜欢用书信的形式与教师交流，这种倾吐心扉的形式更能深入了解他们的内心，教师一定及时给予回复，帮孩子解开心里的迷惑。另一些学生在周记、作文、作业中表达了自己的思想，教师也要及时指导，给出最合理的建议，帮学生明辨是非善恶。

网络交流

随着互联网的普及，许多学生都喜欢在网上与教师交流，这也不失一种理想的交流方式。没有了面对面的尴尬，交流又比书面及时，教师还可以利用网络丰富的资源让学生开阔眼界，打开心扉。

教育从交流开始，成功的交流是成功教育的前提和保障。不论哪种形式的交流，都要尊重学生，承认他们的个性差异，奉献宽厚的师爱。只有爱的教育才是温暖的教育，只有我们施予学生爱，他们才能报以社会爱。

第八节　教师个人特长在教学中所起的作用

教师过硬的专业素质是顺利完成教学任务的保证，但是如果教师具有某项个人特长，对教学更能起到锦上添花的作用。苏霍姆林斯基说："一个无任何特色的教师，他教育的学生不会有任何特色。"教师的职业有其特殊性，教育的目的是培养人才，站在讲台上的那一刻，传道授业解惑便循序开始。所谓言传身教即是语言传达知识，

行为展现品质。教师的一言一行都有可模仿性，因为孩子正是成长阶段，教师的言行会无意识地对学生产生影响。尤其是在九年制义务教育阶段，孩子们对教师多有崇拜和依赖心理，教师就可以充分发挥个人优势，借此施以正面教育，帮助他们形成健康的心理。

在整个教学过程中，特长是个有益因素。学识越渊博，学术水平进步得就越快，特长起到的是催化剂的作用。知识间的整合，从不同侧面、不同角度全面地对知识传授，最大可能地避免了学生接受起来的片面性。具有特长的教师思路更开阔，课堂更活跃，和学生的交流面就越宽泛。因而，教师的个人特长帮助教师在自己的专业上更有建树，也更能促进教师进一步成长。对于一个学校来说，这样的教师越多，就越能形成一股合力，相互促进相互发展，学校的整体实力就更强。

教师具备的知识和学者专家的知识有所不同，我们的知识有外向性。教育工作的对象是十几岁的孩子，教育的目的是让学生掌握知识技能，所以要针对这个年龄的接受能力确定讲述方式。每个人的教学方法各有特色，具有个人特长的教师更能游刃有余。例如：本是一名地理教师，却具有歌唱天赋，在地理课上当讲到香港特别行政区时，教师即兴唱了几句《东方之珠》，当讲到台湾岛时又唱了一段《阿里山的姑娘》，使本来枯燥的讲解充满生机，学生意趣盎然，对所学内容记忆深刻。在设计教学步骤当中，充分利用自己的特长，以使课堂更活跃，知识讲解更透彻，学生更容易接受。每个人授课的最终目的是相同的，都是培养现代化合格人才，但是方法确实可以千差万别。所谓殊途同归就是如此吧。作为教师，要知道课堂是教学的主阵地，有个人特长这份新鲜血液的注入，活泼、严肃、融洽的课堂氛围便不难打造。

因此教师在完成自己教学任务的同时，也应该认真研究怎样才能形成自己鲜明的教学特色。具有个人特长的教师把自己的特长融入教书育人的过程中，更易打造精品课堂。例如：一名小学数学教师擅长绘画，每次都用图画在黑板上展示。在黑板上画了一条河，河岸站着几只小鸭子，然后开始动笔在水里画了几只正在游来，之后教给学生做加法；然后又把水里的鸭子画成掉头游走，之后的教学内容是减法。他每课必画，生动活泼的课堂绘画形式成为这个教师的教学特色，学生学习兴趣非常浓厚，课堂气氛轻松活泼，最终达到了使学生乐学的效果，受到学生的喜爱和同仁的一致好评。

具有鲜明教学特色的教师，往往更有利于培养出特别优秀的学生。现代的教育不是加工厂，我们的目标不是要生产机器零件，张扬个性、出类拔萃的学生才是我们培养的目标。一名教师对学生的影响就在潜移默化当中，沉闷的课堂压抑学生的个性，喜欢唱喜欢笑的教师必然更利于学生开朗个性的形成，而教师规范的语言习惯、特色鲜明的教学风格对学生将来的工作生活都会产生有益的影响。

影响教学效果的另一因素是师生关系，具有个人特长的教师更容易受到学生的崇拜和爱戴。例如：一名年轻的数学教师学过武术，他每晚都会去操场舞剑，一次偶然的机会被学生发现，消息迅速在班里传开，学生们都非常崇拜，尤其是男同学们，以后上数学课时，听讲就格外地认真。虽然教师的这点个人特长与教学没有直接关系，但是却因为受到学生的崇拜，间接影响到课堂，起到了无心插柳的作用。

此时，特长成为一种个人魅力和品质，它无理由地吸引了孩子

们的注意力，甚至形成一种师生间的气场，身处其中的教师越来越优秀，身处其中的学生越来越好学。这种现象在中小学间极易形成，它不经意间已经成为教学的推动力量，使师生关系更和谐，使教师更具有感召力，从而促进了双方共同进步，是另一种形式的教学相长。

而每个人的特长都有发展变化的过程，有持续发展的时候，也有保持不变或者逐渐衰退的时期。特长又不同于专业素质，特长的培养和发展不是迫在眉睫的任务，作为教师更多考虑的还应该是怎样把特长与我们的工作有机结合起来，让它发挥最大的能量。因为有效利用自己的个人特长，可以成为工作的内驱力，取其长补其短，个人的素质越优秀，学校的资源便越丰实，越有利于形成民主自由的校园文化。

第三章 班级管理

学校教学工作以班级为单位，班主任是班级工作的领导者、组织者和实施者。班级是培养学生的第一环境，教师怎样利用自己的教学智慧，带领好一个班，不但关系到学生学习成绩的提高，而且关系到学生身心健康成才。学生们是将来祖国的建设者，培养这些未来的人才，教师除了事业心和责任感，更需要教师具有科学的组织管理能力。

第一节 班级制度的建设

班级管理是班主任工作的重心，赫尔巴特曾经说："如果不坚强而温和地抓住管理的缰绳，任何功课的教育都是不可能的。"一套科学可行的班级制度的建立，能迅速在班级中形成学生自主管理机制，可以把教师从日常管理琐碎中解脱出来，在实施过程中还能培养学生多方面能力。班级制度建设应遵循以下原则：

1. 学生自行制定，充分体现民主

绝大多数班级制度的建立都要在班委会成立之后进行，班委会成立以后，班级制度的制定就应该交给班委会，要知道这是锻炼学生能力、培养学生自主意识的一次机会。教师可以提示班级制度的奋斗目标和大致纲领，具体细节由班委会主持制定。班委会成员在

班会上采用民主商议的方法，鼓励同学们各抒己见，综合众议最后确定下各项制度。制度是学生自己讨论的结果，它必定更符合学生意愿，学生对制度的认同，有助于今后工作的展开，有利于激发起学生遵守纪律的主观能动性。

2. 制度要明确，体现可操作性

制度制定过程中，教师要给予充分的肯定，但是也要适当提醒，制度的操作性就是重要一点。根据学校的要求、班级的特点、学生的实际，所制定条款一定要有重点，指向要明确，语言要简洁，制度的叙述切忌空泛的说教，要具体明确，每一条款都有各自具体要求。学生根据要求，就可以很好的遵守纪律并按质按量顺利完成任务了。

3. 语言要得当，体现人文关怀

制度虽然是对行为的约束准则，但也不一定就要冷冰冰。当然，制度范本一定不是抒情场所，可是至少能体现一点人文关怀。制度的建立不是把犯错误的同学当成敌人，而是为了发扬优点改正缺点，为了大家共同成长。所以，即使一些刚性条款也不能因为一次犯错就永远让其抬不起头来，而是要多积极鼓励，多帮助提醒，把关爱学生和关注学生进步放在首位。

4. 相互监督，培养集体责任感

制度的建立还要尽量体现相互的监督作用，一个人的事情即是大家的事情，齐抓共管才能促进每一名成员的成长和发展。因此，每一项都该有第一负责人和第二监督者。第一负责人指的是纪律触犯者或任务的执行者，他直接对这个事件负责。第二监督者这个角色由组长或者班委会成员充当，他起到监督检查提醒的作用。各负其责，当一个人疏忽后，有旁边的人给予提醒，使错误得到补救，培养了每一个人的主人翁意识，增强了集体责任感，日常管理趋向和谐。

5. 及时调整，体现管理的合理性

原则上说，制度已经制定，就不能随意更改。但是因为在制定之初，肯定会有些疏漏和不妥，在实行的过程中，这些问题就逐渐体现出来了。这时候，根据学生提议，在班会上经过大家讨论商定，对制度要做及时恰当的调整，这是符合实际要求的，更符合大多数同学的意愿。人文的管理，顾及到实际情况和同学们的心理发展，更有利于今后管理工作顺利进行。

没有规矩不成方圆，一个优秀的班集体，必定有一套运行良好的班级规章制度。符合实际的班级规章制度，对每一个班级成员都具有普遍的约束力，不仅是班级良好秩序的保证，而且对于学生良好行为习惯的形成、集体责任感和民主意识的培养，都有巨大的促进作用。班级管理离不开规章制度，更因为它是班级民主建设和文化建设的基础和保障。

案例：某校某班班级制度

一、班长职责

1. 主持召开每周的班会，做好记录和总结。

2. 负责协助生活委员对值日组长的任命、协助学习委员完成对科代表的任命。

3. 关心班内每名成员，负责向班主任汇报学生出勤情况。

4. 辅助值日班长当天的工作，听取负责人的汇报，掌控班级各方面情况，督促值日班长班级日志的撰写并主持晨会的召开。

5. 全面督促班级德、智、体、美、劳各项活动的开展。

二、值日班长职责

1. 晨会时发布当天的班长管理目标。

2. 负责记载当天的出勤情况，对迟到的同学问明原因提出批评。

3. 协助学习委员检查收发作业情况。

4. 协助卫生委员课前课后检查值日情况，发现问题及时解决。

5. 负责自习课纪律，不准学生喧哗或无故走动。

6. 督查课间纪律，及时制止打闹行为。

7. 协助体育委员做好课间操、眼保健操工作。

8. 放学后负责班级日志的撰写，并在第二天晨会上做总结。

三、常规纪律制度（值日班长负责）

1. 不迟到不早退，有事向班主任或班长请假。

2. 不化妆，不佩戴首饰，不穿奇装异服，仪表整洁、举止大方。

3. 爱护公共财物，保护公共环境，不乱抛垃圾，不乱涂乱画。

4. 不在校园内打闹，不影响他人正常学习生活。

5. 用语文明，尊敬长辈，见到老师要打招呼，不与教师顶撞。

6. 团结同学，不与同学争吵或打架。

7. 不携带管制刀具和通讯工具进入校园，带入者班主任负责保管，由家长亲自来领取。

四、学习制度（学习委员、科代表负责）

1. 课前备好上课用具，上课铃响之前坐在座位上等待老师。

2. 上课认真听讲，不说与课堂无关的话，不搞小动作。

3. 独立完成作业，不抄袭不拖欠，有困难向学习组长或学习委员请教。

4. 高质量完成作业，如有错误，科代表督促其改正，对作业不认真者督促其重做。

5. 自习课上不喧哗不打闹，培养自学能力。

6. 任课教师缺席时，科代表负责向教师询问情况，领取任务。

7. 每次考试结束后要撰写反思，并分组召开考后会议，制定具体"一帮一"措施。

五、卫生制度（生活委员、值日组长负责）

教室卫生：

1. 课桌椅摆放整齐，桌面整洁，无刻痕、破损。

2. 值日生下课及时擦黑板，无字痕无粉尘。

3. 科代表负责本科讲桌的桌面整洁，桌洞无杂物。

4. 值日生负责放学后地面的清扫，每天两次。值日组长负责上学来检查。其余时间个人桌椅下的卫生个人负责，公共部分由当天值日生负责。

5. 保持玻璃和墙面的整洁，每两周彻底清洁一次。（值日组轮流完成）

6. 离开教室时关闭门窗和电扇，晚自习后按时熄灯。

卫生区卫生：

1. 值日生放学后清扫，每天两次。

2. 课间保持卫生区无纸屑、无果皮，及时发现及时清理。

宿舍卫生（宿舍长负责）：

1. 床铺整洁，被褥叠放整齐，床下物品摆放整齐有序。

2. 寝室成员轮流值日，每天最少打扫两次。

3. 早晨室内及时通风，保持空气清新。

六、文体制度（文娱委员、体育委员负责）

1. 按时参加每周一的升旗活动，整队静、快、齐，保持立正姿势，表情庄重严肃，目视国旗，不说话、不乱动，高声唱国歌。

2. 按时参加课间操和眼保健操，动作到位，整齐划一，如果不能参加提前向班主任请假。

3. 每个月要参加一次班级组织的体育活动。如：迎春长跑、拔河比赛等。

4. 每两个月要参加一次班级组织的文娱活动，如：独唱比赛、班歌大家唱等。

七、请假制度

1. 学生在校期间临时因病等情况需要请假的，必须经过班主任允许，在请假条上由本人填写好请假时间及请假理由，留作备案。

2. 因某种原因不能来校上课的，需由家长亲自为其请假。

3. 请假人必须在规定的假期内按时返校，如需续假，需由家长亲自说明。

第二节　班级文化的建设

班级文化建设是班级建设的主要组成部分，这是一种更高层次的教育。良好的班级文化建设，有助于营造良好的学习氛围，有助于学生健康全面发展。

班级文化建设，是一种个性文化教育，代表着班级的形象，体现了班级的生命；是一个动态的、发展的系统工程，它的主体是学生，引导者是教师。教师在构建班级文化时要建立正确的班级精神导向，创设良好的环境熏陶，以使学生在平等、团结、竞争、和谐的氛围中，形成健康的心理，培养良好的学习习惯和实践能力。班级文化建设包括班级制度文化环境、班级物质文化环境、班级精神文化环境三方面的综合因素。

班级制度文化环境

1. 建立本班核心制度，形成自己特色标志

首先在建班之初，通过班委会主持全体师生的会议，共同讨论制定班训、班歌、班徽等纲领性文件，在制定的过程中，学生们可以各抒己见，然后达成共识。形成班级成员共同追求的目标和激励班级成员奋发向上的精神支柱。并在醒目的位置悬挂张贴，以示其为全班同学共同遵守的精神准则。通过制度的建立，树立起班级积极形象，形成本班特色标志。

2. 建立班会制度，彰显德育为先

每周一次的班会是创建班级文化氛围的良好时机，在班会课上，

开展丰富多彩的主题活动，调节学生在校的学习生活，体验集体自豪感和精神充实感。这些班会主题的设定，由班委会征集学生意见或者教师提议形成，一般都是现实有争议的问题和当代中学生迷茫的问题。这些主题第一时间解决学生思想上的矛盾，起到指引作用，帮助学生形成正确积极的人生观世界观。

班会也可以开展激励学生努力学习的有益活动，既丰富了学生的生活，又调节了学生紧张的学习状态，作为精神的缓冲，使学生以更大的热情投入到学习中去。

班会的形式可以多种多样，如课本剧、学习竞赛、小品表演、辩论会等。这些活动的策划、编排都由学生自己完成，教师只给指导性意见，在班会的组织及落实的过程中，锻炼学生的组织管理能力，还有利于多方面人才的培养。给学生带来无限乐趣，给班级带来活力和生机，培养学生的主人翁意识和集体荣誉感，锻炼同学们的团结协作能力，增强班级凝聚力，使孩子们更加热爱班集体。

3. 建立晨会制度，每日总结惩前毖后

晨会是对前一天工作的总结，对新一天工作的布置，这个环节由值日班长完成。值日班长的设置可以采取推荐形式，或者每人一天。负责当天工作的管理监督及班级日志的撰写，撰写主要是对自己当天工作的总结，包括出勤情况、纪律情况、卫生情况、出操情况、存在的不足即改进意见等。晨会制度有效地完成了值日班长间工作的对接，为班级前一天的学习做了收尾，并开启了新一天的工作。晨会制度的设置，为每一名同学指明了当天学习的方向，避免新的一天的盲动性，惩前毖后，使班级管理更完整。

班级物质文化环境

1. 班级的硬环境

班级硬环境主要是指教室的主体环境布置，指的是教室墙面布置、桌椅的合理摆放等等。布置时要多注意各板块之间的协调关系，还要重视教室各区域间和区域内的内容涵盖、外观设计、色彩搭配等，要注重文化品位、现代气息、人文精神。这些布置应该能较直观地反映学生的精神风貌、文化气息，对学生有一定的激励作用。优美的教室环境能给学生增添生活与学习的乐趣，有助于培养学生正确的审美观念，陶冶学生情操，激发学生热爱班级、热爱学校的感情。最重要的是催人奋进，增强班级的向心力、凝聚力。

2. 班级的软环境

软环境的创建需要师生的独具匠心，墙壁文化受到很大重视。在教室墙壁的空白处悬挂名人名言条幅，从而激励学生不断地拼搏、进取；开辟"佳作展示"栏，表扬写作出色的学生；"光荣榜"展示学生取得的成绩，增强竞争意识；"读书角"，调动每一位学生的读书积极性，增长学生的才华；"黑板报"图文并茂，是展现综合素质、体现宣传功能的又一舞台。软环境的布置着眼于班级总体布局的和谐统一，着眼于物质文化氛围对学生的熏陶和感染，力求朴素、大方，适合学生，突出班级特点。有的初中教室布置出来色彩缤纷、眼花缭乱，很像幼儿园的教室，这就有悖于初中生的审美特点。

这些精心的布置为学生营造的是浓厚的人文气氛，从而创设了坦诚、融洽的交往环境。班级物质文化能潜移默化地使学生主动接

受文化的熏陶，从而不断提升个人境界。但是不能为了布置而布置，要根据学生的年龄特点、接受能力来布置，切记杂乱。教师也可以把布置的任务移交给学生来完成，以增强学生集体荣誉感。教室布置也不能长期不变，至少一个学期重新布置一次，在学期中也可以随时变动，以增强新鲜感。优雅整洁的环境更容易营造平等、和谐、宽松、民主的人际环境，更容易形成良好的班级氛围。

班级精神文化环境

1. 班级刊物的出版

把班级刊物当作学生自我展示的另一平台，编辑工作完全交给学生，时间定为每周出版一期，内容为学生日常随感、时事评价、班级快讯等，选择内容应该本着轻松活泼、积极向上为主，能体现青少年的风采，营造积极进取的氛围。特色的班级刊物是凝聚班级的有效力量，是学生点点滴滴成长的足迹，是集体培育的小苗，将来也必将成为永久不忘的记忆。

2. 班级博客的设置

随着互联网的普及，越来越多的师生喜欢从网上获取信息，或者即时交流。博客的设置为同学们创造了文学展示、心灵交流的便捷平台。它不但展示了个人的文学才华，还增进了同学们之间的了解，使友谊更加深厚，班级更团结。

3. 每周寄语的实行

在每个周末开展每周寄语活动，让学生之间任选一名寄语对象，用几分钟的时间在寄语卡上写下对某个学生的鼓励或祝福，让学生带着祝福回家，在轻松愉快的心情下结束这一周的学习生活。

4. 家校联络卡的设置

家长会受时间、空间的限制，而家校联络卡更实用、更便捷。家校联络卡采取三方参与的形式，即教师、学生、家长。每个家校卡都有一个明确的主题，主题由教师确定，学生书写内容，家长给予回复。目的是加强家长与学校的联系，促进学生与家长的沟通及相互了解，创造社会健康育人的氛围，使学生在家庭宽松平等的氛围中成长，在学校团结和谐的环境中学习。

良好的班级文化氛围是建设一个优秀班集体的重要因素之一，在建设班级文化的过程中，学生逐步形成了宽容、进取、竞争、协作的优良品质。用集体来影响每个学生的行为，用集体来塑造每个学生品质，是建设良好班风的最佳途径。当然，教师还要发挥自身的教育智慧，及时解决并纠正随时都会出现的偏差，以发展的眼光对待工作，才能培养出现代化的新型人才。

第三节　班干部的选拔与任用

具有良好班风的班级，一定有一支能力较强的班干部队伍。班干部是班级管理的核心力量，是班主任的得力助手，有经验的班主任都会在班干部的选拔工作上花一番心思。一个出色的班干部队伍，能够带动全班同学努力奋斗，建设出一个团结友爱、积极进取的班集体。

班干部的选拔

班干部的选拔不只是任命谁的过程，它更应该是对学生教育的一个过程，在选拔的具体实施中，激发的是学生主动参与班级事务

的热情，培养的是他们敢于展现自我的能力，所以说，班主任在接手之初，班干部的选拔是首要工作。但是也不能急于求成，按部就班的工作分以下几步：

1. 明确要求，毛遂自荐

教师先要在班里公布竞选职位和候选人条件。

职位包括班长、学习委员、纪律委员、生活委员、文艺委员等。并且明确了各个职位应履行的职责，确定工作的任务和范围，以便学生根据自己的情况，考虑哪个职位更适合自己。

候选人具备的条件：首先，自己要是一个遵守纪律的好学生，品行端正，关心集体，有较强的集体责任感，能严格要求自己。其次，成绩优秀，至少不拉同学后腿，这样的学生在班里才能享有一定的威信，才能具备一定的感召力和组织能力。最后，这个学生有较强的领导能力，工作热情高，有一套自己管理班级的方法和理念，能独立思考主动进取。

如果哪个学生具备其中的两点，就可以毛遂自荐。当然，有的学生不够自信，不敢报名参选，所以同学之间或者老师也可以间接推荐，但是不管哪种推荐形式，都要阐述参选的条件和理由。

2. 试行上岗，实际考察

实行候选人轮换上岗制，根据获选人的数量，适当规定考察时间，一般每人以一到三天为宜。考察期间全班同学观察监督，给予指导和评价。候选人要在考察期间总结自己的工作，在考察结束时做总结陈述。

3. 竞选演说，集体投票

对班长这个岗位的考察结束后，教师就可以利用自习时间组织选举。选举之前，候选人做竞选陈辞，向同学们汇报自己的施政计划。全部听完后，用不记名方式选举，当场唱票，确定上岗人选。下面的选举就由新任班长主持。

4. 行使权利，充分民主

当大部分班干部选出来后，如果有个别职位空缺，现班委会上任的第一件事就是根据对全班同学各方面的考察和了解，组织班会任命空缺职位的人选。之后负责对其他职位的任命，如值日组长、科代表、学习小组长等。

班干部选出后不是固定不变的，一个学期结束后重新选举。个别情况也可以临时更换。民主的气氛给了每个人锻炼的机会，危机意识也激发了学生的潜力，锻炼了学生的管理能力。

班干部的任用

选拔只是班级管理刚刚拉开的序幕，班干部的任用是更为细致的工作。

1. 明确分工，责任细化

班长：负责班级全面工作及班级对外事宜；定时召开班委会，制订工作计划草案。协调各班委之间的工作，公布班级重大举措。

学习委员：负责沟通师生之间的信息交流，向有关部门反映学生对教学的意见，组织班级学生开展各类学习活动和基本技能训练。

生活委员：负责班费的保管及日常采购，及时向同学们公布班费使用明细则，为同学们做好日常生活服务。负责班级卫生情况，分管值日组，组织安排好本班同学完成学生会分派的各项劳动。

体育委员：负责课间操、眼保健操的组织工作，负责开展经常

性的体育活动及组织参加各种体育比赛。

文艺委员：组织开展班级的文艺活动及学校分配的文艺活动任务。

2. 统一思想，明确理念

在第一次班委会会议上，教师要列席参加，对将来的管理工作给予理论上的指导。一要教育学生明确服务意识。班干部没有特权，班委会成员既然通过全体学生选举产生，就要为班级做好服务。二要确立责任感。班干部的责任就是管理好班集体，建设团结友善的班集体，使每一名同学都能在具有良好学风的集体里努力学习。三要具有创新意识。创新意识是人类意识活动中的一种积极的、富有成果性的表现形式，作为班干部，就该充分发挥自己的聪明才智，在困难中寻找突破，在常规中寻求出色。

3. 放手鼓励，适时指导

既然要培养学生的管理能力，就要大胆使用，多鼓励多指导。教师不要过多限制，但是在任用的最初一定要细心观察，及时给予方式方法上的指导，解决他们感觉棘手的问题。教师是学生坚强的后盾，消除了他们的后顾之忧，更能提高他们管理班级的能力，帮助他们迅速成长起来。

4. 查漏补缺，及时总结

班干部的工作进行一段时间后，教师可以组织班委会，让每个班干部就自己一段时间以来的工作做一总结，或成绩或不足，大家互相交流互相学习，作为指导以后工作的依据。同时还可以听取其他同学的意见或建议，使今后的工作更顺利、更完善。

这些工作的完成看似简单，其实要求教师有极高的班主任素质：

决定人选的独具慧眼，指导工作的明确到位，掌控全局的独到能力等，都是班主任对长期工作的经验总结。教师任命班干部管理班级，不是自己撒手不管，而是为了自主管理班级的形式，更有利于学生能力的培养。只有教师具备高度责任感、高明的教学智慧，才能培养出一支思想觉悟高、服务意识强，具有强大向心力的学生干部队伍。一支高素质的班干部队伍，带领全体同学的努力，才能建设出一个团结向上的班集体。所以说，一个良好班集体的形成，绝不只是一个人的智慧，它是全体同学努力奋斗的结果，美丽的桂冠也不单单属于某一个人，它应该戴在每一个班级成员的头上。

第四节　主题班会的开展

班会是班级管理的必不可少的形式，对于每个班主任来说，开班会都是班主任工作的重要组成部分，也是与学生沟通的绝佳渠道，教师可以直观地对学生的思想动态做一全面了解，促进师生间的情感沟通。班会课让学生充分展示自我，表达心声，培养了自信心，增进了班级凝聚力，使学生在活动中成长，在交流中成熟，形成乐观开朗的性格。

班会主题的确立

主题的设定要符合学生的年龄特点。主题班会的召开，学生是主体，不管是班会的组织主持，还是班会主题的问题指向，都要考虑学生的年龄特点、思想发展的层面。设置的主题要切合实际，更要切合学生的心理。主题切忌大而空，学生一头雾水不易接受。所

以在主题设置时要经过周密的考虑，不要用成人的思维决定孩子感兴趣的话题。开展主题班会的目的，应该是解决当前学生心理容易出现的迷茫的问题。如考前复习问题、考后的挫折教育、学校中同学相处的问题、家庭中对父母爱的回报问题等等。主题设定之间教师务必做一详细的调查，看看这个问题学生关注程度怎样，学生心理状态怎样，了解学生动机、需要、情感等心理特征之后再切实制定。

主题的设定要有全局性。教师在指导学生制定主题时要考虑整体性，在这个学期或这个学段要举行以哪些内容为主的主题班会，要做到心中有数，不能太杂，也不能太单一。还要考虑与学校的教育同步的问题。

要尊重学生的选择。在主题设定的问题上还要尊重学生的意见，教师可以广泛征集学生拟定的主题，然后同学们共同讨论确定，这样，学生参与的积极性越高，班会成功的可能性就越大。

主题的设定具有随机性。临时出现的问题应及时解决，需要全班共同探讨的问题，就可以临时召开主题班会。例如发现近期有一部分同学上网吧打游戏，教师就可以建议同学们开展主题班会，群策群力，问题就可以最大限度地顺利解决。

主题要体现德育目标。一个成功的主题班会，就是要让学生有所得，这个所得不是指当时的笑声，而是要引发学生深深的思考。它应该直接作用于孩子们的内心世界，对学生的思想行为具有指导性。

判断主题涵盖量，预知主题完成情况。一个主题的设定，必然要考虑它完成效果怎么样，有了目标，才能判断主题设置得是否恰当，如果一个主题内容过多，主题班会完成起来就显得困难，这时教师就可以把主题细分为几项，通过一系列的专题来分别达成班会目标。

班会的开展形式

主题班会的形式决定了班会开展的效果。形式的生动、活泼且多样化，有利于增强教育的可接受性。

经验交流式。学生取得了突出成绩，令全体同学欢欣鼓舞，教师就可以借势召开主题班会，让学生们汇报自己的学习经验，在交流当中，促进了学生之间的相互学习，而且达到了表扬鼓舞的目的。

调研汇报式。教师经常给学生留一些社会调查的任务，在学生调查之后，分析整理成材料，在以汇报为主的主题班会上，展示自己的成果和体验。

座谈答辩式。临时召开的主题班会可以采用这样的形式，学生各抒己见，锻炼学生思维，激发学生求知欲，最终达成共识。

情境再现式。一些主题的讨论只停留在语言上，如果能情境再现，会加深学生的体验，触动学生心灵，达到更好的教育效果。情境再现可以以表演节目的形式出现，学生自编自导自演，或者播放录像等有声影音。

特长展示式。培养学生自信心，就可以给孩子们设置这样一个平台。学生的歌唱、舞蹈、美术、演奏等特长的展示，让孩子获得了成功的体验，心中充满自豪感，同时活跃了气氛，是紧张学习生活的有益调节。

心声倾诉式。压抑已久的感情需要一个宣泄口，组织一个以心

声倾诉的主题班会，会释放学生的心理压力，有助于同学之间、师生之间、母女之间的思想交流。帮助孩子解开心结，健康成长。

主题班会的形式多种多样，根据不同主题的要求，可以选择不同的形式。而这些形式的综合应用避免了形式单一的缺陷，会达到更好的效果。有必要的时候，还可以请到特约嘉宾，如父母、学校领导等一同参加。

主题班会过程的设计

主题班会过程设计的原则是为主题服务，环节安排要求紧凑合理。一般包含三个环节：出示主题、展现主题、深化主题。

主题的出示要简明得体，不唐突更不啰唆。以醒目明快的形式引发学生探讨的热情。展示主题的过程一般要分步完成，形式最好不要单一，而且环节之间要有一定梯度，使主题的攻破是个循序渐进的过程，多角度多层面予以论证，最终水落石出柳暗花明。深化升华是最后一步，这一步也不容忽视，主题的展开已基本完成，学生在当中受到哪些教益，心中所想，将来的努力方向等，都要在这一步完成。有经验的教师，一定把这一环节当作整个班会过程的高潮，当学生情绪被激发到最高点时，心潮澎湃誓言旦旦，班会就此戛然而止，给学生留有深久的回忆，预留的反思将指导学生今后的行动。

主题班会的反馈

班会的成功开展必定取得一定效果，而后续工作也不容忽视。每次班会结束，最好让学生写下心得体会，作为班会教育的巩固反思部分，使思想教育更持久恒定。至于班会的疏漏之处，更要及时补救，对学生中仍旧存在的模糊认识及时给予辅导和纠正。教师也要多虚心听取同事和学生的意见，总结经验，吸取教训，为下次班会的成功举办打下基础。

主题班会的开展，是课堂教育的有益补充。它更关注学生的身心发展，充分锻炼学生的能力，它总是在恰当的时候，为孩子的心理成长补给充足的养分，是每一位班主任都应该认真关注的教育形式。

第五节　班务日志的撰写

班务日志是值日班长对当天班级常务工作的管理情况的文字记述。班务日志的撰写对班风的形成起到了一定作用，它是对班级情况的总结，也是引导个人积极思考的途径。提高学生的管理能力、自律意识以及道德评价能力。

班务日志撰写的意义

1. 完成师管到自管的顺利交接

在建班之初，教师的工作是繁忙的，大到班干部选举，小到卫生死角，班主任要处处操心，稍一疏忽，就会出现问题，当班委会、值日组、值日班长等设立以后，班主任的管理逐渐交接。尤其是班务日志的撰写，是一个较大的转折点。班务日志撰写以后，值日班长代替班主任进行每天的工作总结和工作布置，班主任转为幕后遥控。班主任一个人的管理变成了班级成员自行自管。从而充分挖掘了人才，使全部学生以积极的态度自觉自主地投入到班级管理中去。教师不但从纷繁的工作中解脱出来，还培养了一批小助手，把班级管理的任务真正交给了它的主人。管到点，不越位，这才是班主任的智慧。

2. 督促日常工作，培养学生的管理能力

班务日志的撰写由当天的值日班长完成，班长负责对值日班长的工作进行监督，并对值日班长撰写的班务日志把关负责。值日班长只有认真处理当天的事务，才能在班务日志中翔实记录。记录的过程又是个思考的过程，哪里做得好，哪里做得不好，怎样才能改进工作等，反思之后的收获对今后的工作具有指导意义。撰写班级日志的过程就是一个发现问题、分析问题、解决问题的过程。有什么疏漏，记录在班务日志当中，不单作为自己的经验教训，也同时成为每个值日班长惩前毖后的财富，使全班同学的管理能力都有所提高。使每个人的主人翁意识都得到了增强。

3. 增强主人翁责任感，促进良好班风的形成

班务日志撰写之后不要束之高阁，每天的晨会时间前一天的值日班长要宣读前一天的班务日志，并交接任务，由今天的值日班长公布今天的工作重点，在这个过程中，虽然班级管理是由班长监督下的值日班长完成的，但是聆听与评价是由全体同学共同完成的，这个过程强化了每个同学的主人翁意识，使每一天的管理成为每个同学关注的事，因此，优化了班级内部的舆论导向，有助于良好班风的形成。

4. 公开班级事务，促进形成民主意识

班务日志撰写和公布制度，强化了全员监督作用。正因为是全

员轮流撰写，是每个人都参与了班级管理，而班务日志的及时公布，更强化了全员监督作用。这样，不但加强了每个同学的责任感和荣誉感，而且有助于班级民主氛围的形成。集体的事集体管，没有等级差别，民主思想的形成，更有利今后工作的开展。

5. 日积月累，操行评定有据可查

每到学期末，教师都要给学生写下操行评语。以往的操行评语一是根据学生的成绩；一是根据教师平时对他的印象。因此人为成分较大。多数评语并不能体现学生在校的真实情况，有个班务日志，恰好解决了这个问题。班务日志中记录了学生在学习、纪律、劳动等方面的情况，如实记录了学生在各方面的成绩和进步。在学期末撰写操行评语时，教师可以组织班委会协助完成这项任务。根据班务日志的记录，将客观评价和主观上的认识结合起来，给出对学生最公平最真实的评价。而操行评语的填写，反过来又是对班务日志的促进，使同学们在撰写班务日志时更客观、更认真。合理的德育评价机制在很大程度上完善了班级民主气氛，在这个小社会里，也做到了有法可依，有法可循。帮助学生提前走进了法制社会，与将来的生产和生活做到了无痕接轨。

班务日志撰写的原则

1. 实事求是原则

班务日志撰写完全根据当天班级情况而定，值日班长一定要如实撰写，不虚夸成绩，也不掩盖错误。彰显成绩使同学们更自信，改正错误加速了同学们的成长。

2. 及时公开原则

当天的事当天记，而且主要事件要拿出来与同学们共同讨论，其目的是使班级管理透明化，使更多人见证班级成长过程。

3. 典型针对性原则

班级事务头绪纷杂，面面俱到显然没有必要，所以在撰写班务日志时，值日班长要注意有针对性、典型性。老师特别布置的任务的完成情况要记录在案，表现特别出色的方面或需要失误的方面也要记录。而一些常规不变的情况可以省略。

班务日志撰写的具体内容及格式

班务日志的格式可以根据当天的情况而定，但是一般要涉及以下几个方面：出勤情况、纪律情况、作业完成情况、劳动卫生情况、常规及仪表情况等等。如果当天举办了特别的活动或者召开了主题班会等，也要重点记述。

记述时可以更自由，教师要鼓励学生创新，具有督导性和人文性是我们希望看到的结果。如把以上涉及的内容配以五个标题：我来点名、他是我的榜样、明天可以做得更好、特别报道、我写我想。其中"我来点名"是指出勤情况；"他是我的榜样"可以记录常规管理中有出色表现的学生；"明天可以做得更好"则记录同学们的缺点和不足；"特别报道"是相对重要的一些事件的记录，如学校开展的竞赛或班级中的活动等；最后一项"我写我想"则是记录者对一天工作的总结与反思，这一项比较灵活，可以畅所欲言。

撰写班务日志实施一段时间后，教师要对其进行调整，使其更有利于班级的管理。长期的班务日志撰写制度可以锻炼学生的理性思维，增强班级凝聚力，强化集体意识，提高学生的自我管理能力，促进形成民主、团结的集体气氛。

第六节　集体荣誉感的培养

许多教师都发现现在的学生独生子女比较多，在家中有长辈宠爱着，形成了骄傲自私的性格，在他们眼里只有自己好才是好，只爱自己不爱别人，很少去真心的表扬帮助别人，感情多冷漠，团结协作能力较差，更缺少集体意识。面对这种情况，学校的教育先从培养他们的集体荣誉感开始。集体荣誉感是一种巨大的以集体为中心的心理趋向，具有集体荣誉感的同学，会自觉地维护集体利益，为集体荣誉感而努力，同时以做了有损于集体荣誉感的事为耻辱。培养学生的集体荣誉感，能使每个学生都产生积极向上的强烈愿望，同学们团结一心，使班集体更加具有凝聚力和竞争力，反过来这样的班集体又会促进学生的进一步发展。

正面教育，培养集体荣誉感

教师的正面教育从建班之初就应该开始，利用晨会或者夕会时间从理论上对学生进行教育，提高他们的主人翁意识。主人翁意识是一个人的重要心理品质，教师要教育学生把集体的工作当作自己分内的工作，全心投入、积极奉献。教育他们要对集体的事情热心参与，为集体的成绩、进步而欢欣，为集体的困难、挫折而焦虑，要明确集体的一切与自己息息相关。既然自己是集体中的一员，那么自己就是集体的主人，为集体服务是自己义不容辞的责任。

及时表扬或批评，树立正确舆论导向

教师的批评或表扬，目的是教育学生要有正确的是非善恶观念。及时表扬班级中的优秀学生，让学生与榜样共同进步。对学生犯的错误也要及时批评，让学生明确，什么是自己应该做的，什么是不应该做的，哪些是为集体增光，哪些是为集体抹黑。批评不能一棍子打死，批评的目的是惩前毖后，起到警示作用。所以对每一个同学都要善于发现优点，因为每个人的身上都有闪光点，在教师表扬之后，使学生们清楚地认识到，人人身上都有值得我们每个人学习的地方，人人进步，集体才会光荣。我们要学会赏识他人。作为班主任的我们要善于诱导，使学生不断完善自我，成为集体的主人。学生们也会在赏识别人的同时，清楚地认识到，学习中帮助学生全面客观地认识自己和别人，不但看到自己的优势和不足，更多地要看到他人的长处。学会用欣赏的眼光看待别人，从而完善自我，在赏识的过程中，逐渐也会为别人的进步而高兴，以致把自己归类在这个集体里面，从而产生归属感。这样，集体意识初步形成。

在班级管理的过程中培养集体荣誉感

班级制度的建立过程，也是增强学生集体荣誉感的过程。通过大家的选举推选出班干部，又由班干部主持，全班共同制定出班级的各项制度。在整个制度的制定过程中，每个同学都亲身参与班级制度的制定和管理，使人人找到评价别人、参与管理的感觉，他们已经在行使主人翁的职责，这种体验内化为集体责任感。这个内化的过程，在不知不觉中完成。班级建设不是一蹴而就的，各个方面都有新的发展和变化，在班级建设的过程中，教师引导学生最大限度的参与进来，让他们以主人翁的责任感对班级事务献计献策，随着班级的各项制度的完善，集体荣誉感已经成长得更茁壮。

利用小组合作过程增强学生的集体荣誉感

小组合作学习是新形势下教师普遍采用的一种学习方法，小组合作学习是根据学生的不同特点，把全班同学细分为若干个学习小组，科学地利用小组中的知识差异来相互促进的学习过程。小组成立以后，就形成了一个小的学习单位，小组以团体的形式出现，共同完成教学目标中规定的教学活动，并以小组为整体接受教师或同学的评价。在课堂上，学生之间的关系比任何其他因素对学习成绩、社会化和发展的影响都强有力。事实上与同伴互相作用是儿童身心发展的社会化赖以实现的基本关系。

在学习的过程中，小组成员通过任务分工、独自完成、相互合作的步骤进行，便形成了协作共进的关系。任务分工这个环节，不但要有我选我，而且还要我选他。我选我，是对自身能力的客观评价，推荐自己是对自己能力的一次再认识，我选我的过程也促进了集体中一种积极健康向上氛围的形成。我选我之后，对自己分内的这份任务就要具有高度责任感，顺利完成证明自己的实力，如果失败就要重新审视自己。这是个增强自信心的过程。失败之后要向小组其他成员求助，求助别人培养的是谦虚的性格，被求助者热情的帮助使被求助者获得了帮助他人之后的幸福体验。所以对于双方来说，求助于被求助者的心理距离在此拉近，对增强集体意识起到了个体贡献。

我选他，是教师正面教育效果的延续，心中有他人，谦虚地看

到别人的长处，真诚地对别人的优点进行赞美，是学生具有集体荣誉感的品质前提。同时，他能行也是对问题学生的积极鼓励，善于发现同学身上的长处，给予无私的关怀，使问题学习或学困生感到自己在班里不是一无是处，不是被老师学生抛弃的那一个，就会充满信心融入集体中去。

往往教师在小组间采取的是"一帮一"结对子方式，这样合作固定，双方通过长期的接触，比别人更了解对方，帮助者和被帮助者在互助过程中就能更加得心应手。小组合作学习的开展，让每个学生都有了小组归属感，以小组的荣为荣，以小组的耻为耻。小集体意识唤醒的是大集体意识，进而对班级，或对学校，甚至对祖国的归属感就会生成。爱校爱家爱国教育在潜移默化中完成，起到了德育教育的目的。

鼓励学生积极参加学校组织的课外活动

充满文化氛围的学校会经常组织集体活动，如：体育比赛、诗歌朗诵会、联欢会、演讲比赛、书法比赛、美术比赛、航模比赛等等。积极参加学校的比赛，是培养学生集体荣誉感的极佳时机。教师可以有意识的引导，调动同学们参赛或观赛的热情。比赛的结果可能不重要，但是赛事进行中个体的表现值得关注。

如果是全班共同参加的比赛，在比赛当中，教师要鼓励同学们团结协作为班争光，团队意识充分体现，学生情绪会空前高涨。如果是小部分人参加的比赛，教师更要给予参赛者充分的鼓励，帮助他们分析自身的优势和不足，设计对抗的战术。在鼓励的同时也要帮助学生减压，不要背负太重的心理负担，告诉他们，不管结果如何，全班同学都会以他为骄傲。教师还要激发观赛者的热情，做好后勤工作，学生积极认真的准备一定投入了一定心思，这就是归属的过程，不管站在擂台上的是不是自己，却都与自己息息相关了。如果比赛成功，学生们必然会产生极强的自豪感和荣誉感，当他们尽情体验胜利的欢乐时，集体荣誉感便已形成。如果失败，共同承担失败的落寞，相互安慰、相互鼓励也是个团结共进的过程。集体荣誉感的生成不在成败，关键在于，我们参与了，我们便感受了。

同时鼓励学生齐心协力为班集体争光。教师还可以在班级里进行小组智力竞赛，小组常规评比等活动来增强集体荣誉感。集体活动是富于教育力和感染力的课堂，学生从中可以受到教育，得到启发，得到激励，从而使集体荣誉感不断增强。

及时分析总结身边的事例

学生们本是成长中的孩子，在这个年龄段，他们对许多事情可能还不能有清晰的认识，这就需要教师给予及时指点。班上或学校新近发生的事情都是很好的素材。例如班级哪项成绩突出、学校获得了哪项荣誉、学校有什么可喜的改观等等，教师都可以及时在班里宣布，并用自己高昂的情绪来影响同学们，点燃他们的兴奋点，在这些快乐感受当中，学生便会为此感到无上的荣耀，从而集体荣誉感再次加强。

集体荣誉感的培养是一项长期而复杂的工作，在培养之外，值得探讨的是教育学生怎样做，才是为班级争光，才是为班级做贡献。那就是遵守纪律，努力学习。纪律是学习的保障，只有遵守纪律，班级的各项工作才能顺利开展，才能为同学们营造一个舒适的学习

环境。而对班级对学校对家长对祖国的爱怎样体现呢？这是一种关于责任感和使命感的思考，对于学生来说，就是努力学习培养能力，作为祖国未来的建设者，只有掌握了知识和技能，才能为班争光，才能使父母欣慰，才能将来为祖国做贡献。

集体的荣誉感是催人奋发的力量，是集体生活、社会生活积极的因素，学校的教育是形成教育，重视集体荣誉感的培养，创设浓郁的团结向上氛围，是培养优秀品格的重要一步。教师的责任不仅是教给学生知识，更重要的是帮助他们形成健全的人格，真正成为对社会有用的人。

第七节　如何协调学生与任课教师之间的关系

学生与任课教师之间的关系也是班级环境的一部分，良好的师生关系，容易建立起和谐融洽的班级氛围，反之则有碍学生的成长，甚至对学生的心理造成影响。作为班主任，有责任和义务协调好学生与任课教师之间的关系。

任课教师主导学生的课堂，许多教师学识渊博经验丰富，往往受到学生的爱戴，但这也不排除师生之间发生冲突。有的冲突任课教师可以顺利解决，但是遇到棘手的学生，班主任就该及时进行调节，以不影响教师对这门学科的教授，以及同学们对这门学科的学习。

当问题出现之后，班主任的有效解决体现了一个班主任良好的素质，根据多年班主任工作的经验，具体步骤总结如下：

1. 树立威信，问题前瞻

在建班之初，班主任应该有意识地向同学们热情的赞扬每一位任课教师，虽然任课教师的威信多取决于实际教学水平，但是先入为主的印象也很重要。对于成绩突出的教师，班主任可以多介绍他的成绩，对于年纪较大的教师，可以侧重介绍其经验，对于年轻教师，可以多介绍他们的工作热情或优点特长。这些热情的赞扬，有助于任课教师威信的树立，使学生在最开始就对教师充满了崇敬，对本科学习充满了信心。任课教师与班主任同属一个团队，只有这个团队的团结协作，才能打造良好的学习氛围。所以，班主任绝对不能当着学生数落哪个教师的缺点，这会误导学生，甚至对该教师产生反感，直接影响学生对该科的学习。

2. 稳住事态，控制发展

当问题出现后，班主任要及时对学生的行为给予制止，可以把这个学生叫到单独场所，让他先冷静下来，再去真诚地安慰教师。教师之间是容易相互理解的，谁都不希望课堂上出现状况，一旦出现，心情会极度烦闷，所以班主任先要代替孩子向任课教师道歉，以平息他的火气。

3. 冷静对待，找出症结

所有的矛盾都有其症结所在，班主任绝对不要简单地冲学生发火，而是要找出问题的症结出在哪里。学生的犯错多是因为自尊心受到伤害，即使他明知道自己不对，但是班主任盲目发火，也绝不利于孩子深度反思。他在这个时候需要的是班主任代替家长的位置先给予他理解，如果班主任不问青红皂白乱加指责，孩子势必产生逆反心理，以致无法收场。这时候班主任先要冷静下来，听取双方的陈述，有必要时还可以找一些其他在场的同学了解情况。只有了解了事情真相，才能对症下药解决矛盾。

4. 充分尊重，相互理解

首先要尊重任课教师的意见，对于任课教师提出的要求不能急于辩解，如果觉得可行，就该立即实施，如果有难度，就要冷静下来共同探讨解决的办法。

对于学生方面，也要尊重他们的人格，解决办法尽量理性。但是一定要给学生讲明利害，帮助孩子分析自己的行为不当之处。还要说明如果问题解决不好，势必影响教师的情绪，就会大大降低学生的学习兴趣，不但对学生个人，而且对全班都会造成负面影响。在疏导思想的过程中，有意识地帮助任课教师树立威信，尊重学生，也教育学生要学会尊重。

一般师生间矛盾的激化点是学生受到教师斥责难以接受，也有的是对教师的行为不满，如教师拖堂、管理严厉等。班主任一定要正面引导，教育学生学会换位思考，理解教师的初衷其实都是为了学生成绩的提高。而教师也不一定没有不当之处，就需要在恰当的时候以一种对方易于接受的方式委婉的提出，帮助任课教师改变自己的做法，挽回在学生心目中的形象。

5. 创造机会，化解矛盾

相互达成谅解之后，班主任要鼓励学生向教师道歉，一般地点可以选在办公室。如果矛盾发生时已造成恶劣影响，就应该鼓励学生在班级里道歉，一是表明道歉的诚意；再者警示全班，给同学们一个完整的交代。当然，没有哪一个教师愿意跟一个孩子纠缠不休，当时的气愤在冷静之后必定也产生深深的思索，因此在学生道歉之后，教师也会感到欣慰，同时调整自己以后的教学工作。

6. 开展活动，拉近距离

任课教师与学生的接触远远低于班主任与学生接触的次数，作为班主任，可以开展一些活动，创造相互了解交流的机会，来增进师生间的感情。例如开展主题班会："感谢您，我的老师"、"成长路上，有您陪伴"等。或者在班会或集体活动中，请任课教师参加到学生小组当中去，一起竞赛的过程中，获得了欢乐也拉近了距离。或者在特别的日子送去特别的祝福，如教师节、教师生日的时候，在黑板上写下一句祝福的话便可以让教师得到慰藉。

7. 关注细节，和谐关系

班主任平时要有意识地描述自己与任课教师之间的故事，因为学生对班主任是熟识的，所以很容易产生感觉上的迁移，也会觉得任课老师很亲近。

班主任还要经常对学生进行感恩教育，在适当时候给予学生不夸张、不矫饰的点拨，例如一位女老师怀孕了，或者一位教师嗓子哑了，班主任就可以适时地问问学生"我们能为她的课堂做点什么?"或者在哪位教师取得了卓越成绩的时候，班主任也可以问问学生"我们能用什么方式向他表示祝贺?"久而久之，不再用班主任提醒，学生就会把任课教师放在心上。而爱是相互的，教师会以加倍的热情去关心这些孩子们。

良好的师生关系是提高学生成绩的保障，协调学生与任课教师之间的关系是班主任义不容辞的责任。妥善处理好双方关系，对搞好整个班级的教育教学工作，促进良好班风的形成起到至关重要的作用。良好的师生关系创造了轻松愉快的课堂氛围，不但优化学生学习的环境，也优化了教师的工作环境。教师乐教学生乐学，何乐而不为。

第四章 教师与家长

学生主要的生活环境除了家庭就是学校，家长是孩子的监护人，孩子的成长、发育离不开父母的呵护，而教师也是孩子成长过程中重要的角色，在学生学习期间教师是知识的讲解者、是学生学习的辅助者。家长与教师处在不同的位置，但是却有相同的教育对象和相同的教育目标，那就是把孩子培养成才。既然教育目的完全相同，教师和家长就不该隔河相望，而是要搭建起沟通的桥梁，群策群力，共同培养学生的品质和能力，使他们在德智体美等各方面健康和谐的发展，成为新时期社会主义的建设者和接班人。

因此，家庭教育研究自然被教师提上日程，家庭教育是学校教育的力量补充，它们无法细分孰轻孰重，是相辅相成的关系。但是对于教师来说，学校教育固然重要，但是如果能适当重视家教指导工作，对我们的教学工作肯定有诸多裨益。

第一节 教师与家长的沟通技巧

教师与家长的及时沟通，有益于学生身心健康成长。苏霍姆林斯基曾说："没有家庭教育的学校教育和没有学校教育的家庭教育，都不可能完成培养人这样一个极其细微的任务。"而家庭是学生的第一成长环境，他们性格的塑造、习惯的养成跟家庭环境有很大关系。如果教师想深入了解学生，解决学生的问题，与家长进行沟通是必不可少的途径。怎样才能让家长们积极的配合学校的工作呢，这就需要教师在与家长沟通时讲究一定的技巧。

准备工作要充分

不管与家长沟通采用哪种方式，都要做好充分的准备工作。准备工作包含两个方面：一是要事先通知家长，看家长是否有时间，在征得家长同意的前提下，再与家长共同确定时间、地点。如果是电话交流，也要由家长同意之后再开始谈话内容。二是准备材料。教师想就什么问题与家长沟通，想采取什么方式，解决问题的途径及步骤的设计等都要提前想好，再者既然是就这一个孩子的针对性交流，就该在谈话之前认真查阅、询问、汇总这个孩子在校的各方面表现，通过分析、提炼确定向家长汇报的材料，一定要注意不能面面俱到，要有突出的重点。还要找到孩子的闪光点，不要经过交谈后，使家长对孩子失去了信心。

不要忽视开场白

开场白是一个行为的开始，如果开场白过于琐碎或沉闷，会直接影响交流效果。首先教师应该热情大方，不仰视也不俯视，大方得体的衣着言谈，才能给家长留下一个好印象。教师的亲和力不但表现在面部的微笑上，更主要的是在开场时不要兴师问罪，不管孩子犯了多大错误，他们都是孩子，而家长的心情比我们教师还要迫切，因此，按捺住情绪，作为一种交流，在谈话开始时先给家长安

第四章 教师与家长

慰，随后说说自己的观察和解决问题的想法，最后再征求家长的意见。这样，家长不但觉得教师是可亲近的，而且是令人信服的，他把孩子交给这样的老师，是孩子的幸运，以激发进一步跟家长探讨的兴趣。

谈话气氛要融洽

说话要看对象，教师面对的是基本同龄的家长，谈话的内容是孩子，如果拿出教师的威严势必引起家长的反感。教师与家长间是谈话，不是训话，平等融洽的气氛才能使家长不感到拘束，才能让他们打开心扉说出自己的看法，也只有融洽的气氛，教师才可以让家长信服地接受自己的建议。为了避免尴尬的气氛，教师可以先问一些孩子的生活情况，既表示了教师对孩子的关心，又能使家长轻松地进入谈话气氛。

谈学生缺点时要讲究分寸

一般单独与家长的谈话多是谈及孩子的缺点，因为教师与家长的交谈目的性较强，多是要解决孩子身上的问题。许多家长都惧怕教师家访或请家长，连电话响起时一看是教师的号码都深吸一口气。这里面的原因在于教师平时与家长的个别交谈常是报忧不报喜的，而且报忧的语气强烈，火药味极浓。这种交谈的态度往往致使家长的一种做法，那就是，用对孩子横眉立目来转移自己的怒火。最终，交流的目的没有达到，却造成了许多人的不愉快。所以，教师谈学生的缺点时一定要讲究分寸。如果这个家长是自己熟识的，尽可以开门见山，直来直去；如果这个家长自尊心强，接触的又少，教师不妨平静地谈及这个孩子的问题，既要肯定他的进步，又要提出他的不足，然后真诚地提出自己的建议。这样家长的心情才会稍稍平和，并且能静下心来共同研究解决问题的对策，对教师也会产生更多的敬佩与感激。

个别谈话要就事论事

在谈论某个孩子的问题时，教师为了增强事件说服力，习惯夸大其词添油加醋，虽然所讲与事实出入不大，有时只是态度脸色的差异，甚至让学生无法辩驳，但是越是这样，越会引起学生对老师的不满，甚至降低老师在学生心目中的形象。

还有些教师会把很久以前的事情翻出来再说一遍，不但喧宾夺主，而且问题纷杂，家长不知教师到底想解决哪个问题，有的家长甚至以为，教师就是想旁征博引来证明孩子一无是处。这在很大程度上降低了家长帮助孩子改正缺点的决心，反而起到事倍功半的后果。

还有一些教师在交谈时，喜欢拿别的孩子与这个孩子比较。这种说长道短是家长极不喜欢听的。没有一个家长不希望自己的孩子优秀，也没有一个家长不希望教师能欣赏自己的孩子。在他们眼里，自己的孩子总还是可爱的，教师的谈及其他，在家长心理造成一种印象，就是教师不喜欢自己的孩子，也就更不会重视自己的孩子。一种被冷落感致使家长不但对孩子失去了信心，甚至对这个老师是否能培养好自己的孩子产生了怀疑，使教师与家长的沟通起到了截然相反的效果。

不忘恰当总结

虽然家长更关心孩子的进步，但是必定我们取得了家长的理解和支持，对我们工作的开展有很多帮助。所以，每次交谈近尾声时，教师都不要忘记感谢家长的支持，并肯定这次交谈的收获。家长从中可以感受到教师对孩子的热心和工作的热情，会加倍信任教师主动和教师配合。

总之，教师与家长的交流是建立在平等尊重基础上的一种交流，双方都拿出真诚和智慧，才能共同促进孩子的进步。教师对学生这份浓浓的爱心，对工作一丝不苟的热情和责任感，相信每一个家长都看在眼里，他们也会更加支持配合教师的工作。因为我们对孩子的爱是相同的。

第二节　教师与家长的沟通方式

教师与家长的及时沟通，目的在于优化学生生活学习环境和心理健康环境。教师与家长形成合力，更有利于学生身心健康发展。而教师与家长的联系方式不拘一格，一定要遵循及时有效的原则，把教育从课堂引向生活，让学校、家庭、社会共同来培养新时代的优秀人才。

集体方式

1. 召开家长会

家长会是最基本的与家长交流的方式，定期召开家长会能最大范围取得家长的支持和理解，是许多教师乐于采取的方式。它是在教师的精心布置下，与全体家长共同探讨孩子问题的一种集会。当然，在一开始也有必要让家长了解学校的概况、师资、办学理念等。之后教师便可以直面与家长共同研究孩子的纪律、成绩、品性、行为等诸多方面的问题，探讨的问题是家长与教师共同关注的，具有普遍性。有时候还可以对家长进行一定的家教培训，家长固有的教育观念常常阻碍学生的身心发展，对于专业研究教育的教师来说，有责任和义务与家长取得沟通，商讨并指导家长在校外的时间对孩子进行科学的管理。

2. 创办家长学校

近年来，家长学校的成立对普及家庭教育知识，提高家长素质，促进学校、家庭、社区教育相结合中发挥了重要作用。一般情况下，每学期学校都会对各年级的家长组织定期授课 2～3 节，授课通常采用座谈、讲座等方式。授课前几天要通过不同途径及时通知家长，以免家长工作太忙不能按时参加。授课内容以普及家庭教育知识为主，通过对孩子不同年龄的心理特征、心理发展特点的分析，辅导家长教育孩子的方法。如果孩子年龄跨度大，可以根据学生的实际情况分班辅导。

3. 成立家长委员会

家长委员会的成立，协助学校开展与家长沟通交流工作，对不同层次、不同类型的家长进行认真分析，选出家长委员会成员。学校定期组织委员会成员召开会议，通过座谈等形式，了解家长的思想动态，传达家长对学校的合理化建议，在共同协作下，提高学校的办学质量。学校一些重大活动也可邀请家长代表参加，以加强家

校联系，促进学生进步。如果有条件，还可以订阅关于家庭教育的报刊杂志，供家长们阅读学习，只有家长的素质提高，才更益于孩子的成长。

4. 刊印校园报纸

校报的刊印打开了宣传学校的又一扇窗口，校报可以以周刊或半月刊的形式，报道校内外的新闻动态、名师事迹、热点关注、学校及个人获奖情况、教师科研论文、家长来信、学生优秀作文、书画或摄影作品等等。校园报纸不仅全面地展示了学校、教师、学生的风采，而且学生把报纸带回家后，增加了家长对学校的进一步了解，搭建了学校与家长交流的平台，促进了家校有效沟通。

5. 设立家长开放日

每个学期学校都在事先选定的一天作为家长开放日。家长开放日制度的建立，增强了学校、教师、家长、学生之间的多面联系，家长可以在开放日这天，走进办公室参与教师备课，还可以走进课堂和孩子们一起上课，感受课堂教学，探知课改动向，了解孩子在课堂上的表现。从而更好地配合学校的工作，加强与教师的沟通，共同推进素质教育向纵深发展。

6. 创办班级博客讨论带

网络交流成为新时期的又一交流平台，在班级博客中，可以设置一个全新板块：家长谈论带。家长就孩子的全面表现在讨论带与其他家长自由交流，这种交流方式不受时间、地点的限制，为参与者预留了充分的考虑时间。讨论自由轻松，平等民主，家长、学生、教师都可以在此发表自己的见解，在思辨中交流学习，不失为一种绝佳的沟通方式。

7. 发放家校联系卡

家校联系卡适合家长或教师对学生完成任务情况的回馈，用几句话交代对学生的要求，也可以用几句话回馈孩子的情况。是普遍布置任务或了解全体情况的一种文字形式，简单便捷目的较明确。

个别方式

1. 家访

家访是最常见的方式之一，这种方式针对的是个别学生的个别问题，家访的目的一般有两个：一是要了解孩子的家庭结构、经济条件、家庭氛围等多方面情况，以期弄明白孩子问题的深层症结所在；一是希望积极地与家长取得联系，找到解决问题的最佳方法。交流的内容包括对孩子问题的分析、引导家长教育观念的转变、制定最有效的教育方法。当然，不一定是孩子出现问题再去家访，对于一位班主任来说，对每个孩子充分了解，是我们的工作内容之一。对优秀生、中等生或者学困生，都可以通过家访来研究家庭教育对孩子的影响，从而协助家长做好家庭教育工作。

2. 来校交谈

家访是个费时费力的工作，在教师工作时间紧的情况下，还可以邀请家长来学校座谈。通过家长的诉说，教师获得对孩子的间接了解。这种方式的优点是更随意更省时，缺点是对家长的一面之词要提高判断能力，家庭的环境和气氛通过家长的言说不一定全面表现。再者，课上家长的到来势必给孩子的心理造成压力，影响孩子当时的听课效果。

3. 电话联系

对于需要简单交流的问题，教师可以采用这种沟通方式，比如确认孩子的作业情况等。电话联系目的比较简单，适用于在短时间内即可交流完成的话题。缺点是受时间长短的限制，通过这种沟通方式了解的内容不全面，交流也不深入。

4. 书信、便签

是教师与家长之间一种稳妥而温暖的沟通方式，当有些语言不适合当面交流或电话诉说时，便可以采用这种方式。语言以文字的形式展现，适合针对特殊家长的特别指导，在联系情感方面最具延续性。

不论哪种方式，教师与家长的沟通的目的都是为了孩子的发展，我们教育的宗旨便是：一切为了孩子。

第三节 家庭环境与孩子成长

班主任工作不但要关注学生的学习成绩，更要关注学生的成长。在研究学生性格、行为、品德等价值取向时，不容忽视的问题是家庭环境对孩子的影响。家庭和睦，父母关系良好，家长教子有方，这些都有利于孩子的成长，反之，则会造成孩子的性格缺陷，从而影响孩子的是非观念，阻碍孩子身心健康成长。所以说，孩子性格的形成，不单是先天的赐予，更多的是深层次的家庭社会因素，这是教育工作者不能忽视的问题。针对孩子独特的表现，如果教师对这些家庭做一细致分析，就会很容易发现问题学生的家庭存在共性，那就是家庭环境的不和谐，对孩子产生了负面影响。

单亲家庭

婚姻的不幸对夫妻双方都造成伤害，但受伤害最大的还是自己的孩子。随着离婚率的升高，单亲家庭越来越多。一方亲人抛下自己走出家门，造成孩子心理的阴影。一方面是对父亲或母亲的思念；另一方面是心理上的自卑，感觉自己是没娘要的孩子，好像比别人缺少了一份爱。不愿意与同学或老师谈及家庭，在课堂上涉及父爱或母爱的话题就会触及到痛处。长此下去，孩子变得孤僻离群，从而形成自卑、自闭、忧郁、懦弱的性格。

对于这样的孩子，教师不但要为孩子创设轻松友爱的班级氛围，还要联系家长多关心孩子的心理，多与孩子游戏或谈心，有必要就给孩子创造一些宣泄情绪的机会。美国的学校常采用这种方法，在每学期特定的时间，让学生们大喊出自己心中的郁结。情绪的宣泄使郁闷找到了出口，帮助心理回复健康常态。

重组家庭

重组家庭的问题似乎比单亲家庭的问题还要严重。单亲家庭里，孩子感觉只是失去了一个亲人的爱，而重组家庭的孩子以为双方的爱都失去了。以为家庭重组之后，自己的父亲或母亲已经把注意力从自己身上转移到他的配偶身上或再生儿女身上了。孩子这时会愈加感觉孤苦无依，甚至出现了离家出走现象。这样的孩子性格容易走向极端，因为爱的缺失，他们觉得人与人之间没有温暖，形成孤僻叛逆的性格，甚至仇视社会，习惯打击报复。完成了由压抑型向攻击型的转变。

这类孩子可能得到的爱太少，作为长辈，我们不应气愤，而应同情和怜惜，所以面对这样的孩子，教师应该及时与家长取得联系，提醒家长要加倍给孩子关心和教育，因为是家长的错误造成孩子性格的变化，家长该负主要责任。除了这一方面的努力，更理想的效果，就是加强重组家庭成员之间的交流和理解，多创造一些在一起游戏出行等交流的机会，这是一个有责任感的家长责无旁贷的责任。

隔辈抚养的家庭

由于某种原因，由爷爷奶奶或者外公外婆抚养长大的孩子，或多或少都有性格上的问题。据观察，这类孩子的成长环境缺少约束，一是出于对孩子的喜爱；一是觉得孩子离开父母可怜，所以用自己的溺爱作为对孩子的补偿；再有就是受孩子父母嘱托看管，不好太严厉。

祖辈对孩子的过分疼爱，很容易使孩子以自我为中心，说一不二。他们一般纪律性较差，不懂规矩不讲礼貌，想干什么就干什么，想要什么就得给他买什么，性格偏激、自私、抗挫折能力较差，缺少同情心。在学习上表现为不虚心、不刻苦、不接受同学批评、自觉性差、集体意识淡薄等。

对于这类孩子，一是教师为他讲道理、立规矩；一是要与家长取得沟通，逐渐改变教育观念，适当让孩子承担一些家务，给他们讲一些励志故事，对他们进行有益的挫折教育，尽量创造锻炼他们能力的机会。

暴力家庭

许多家长在孩子犯错误或自己心情不好的时候，都会对孩子横眉立目，严重者拳打脚踢，打孩子在中国家长看来再正常不过，他们认为自己打自己的孩子是天经地义。却不知家长的暴力给孩子的性格形成带来的极坏的影响。这类家庭的孩子，一是可能胆小、懦弱、没有安全感、畏惧社会；一是家长已经成为榜样，在他与人相处时遇到问题也用武力解决。形成后者的情况居多，孩子加倍的叛逆，当忍受到一定程度后甚至与家长关系破裂。这类孩子的暴力倾向在校园表现为打架斗殴，在学习上表现为粗心大意，缺少细心和耐心。

暴力永远不是解决孩子问题的最佳做法，皮肉的疼痛治标不治本，只有给孩子心灵的触动，才能从原本处解决问题。教师发现这种问题后，应该及时提醒家长收敛暴力，多给孩子讲道理，真诚的沟通一定能得到孩子充分尊重和理解，从而拉近两代人的关系，逐步纠正孩子的不良行为。

条件优越的家庭

溺爱孩子的现象可能发生在任何经济条件的家庭，但是以条件优越的家庭居多。由于家庭社会地位高或者经济条件好，孩子从小就感到一种优越感，这种优越感可能源于衣食住行的高档，也可能源于旁人的恭维夸赞，还可能源于父母无意间的流露。只这些因素就可以构成孩子虚荣、不务实、不勤奋的不良性格，如果家长再不当溺爱，便促使孩子在平时与同学比吃、比穿、比消费，养成了不

劳而获的懒惰心理。在学校就会表现为傲慢、不合群；学习上表现为动力不足，产生知识无用的思想。

家长在事业上的努力无可厚非，良好的经济条件在某种程度上更有利于孩子成功，但是需要家长适当的教育，尤其是挫折教育和感恩教育，让孩子知道，幸福的生活来之不易，家长的成绩并不属于孩子，将来的生活还需他自己创造。很赞成西方国家教育孩子的理念，培养孩子自立自强的性格，才是可以让他们享用一生的财富。

孩子的性格形成和儿时的家庭环境息息相关，每个家长都希望有一个聪明伶俐的孩子，每一位老师都喜欢品学兼优的学生。作为长辈，关注孩子要从小事做起，要多注重孩子性格的形成与能力的培养。最后用一句话结尾，在教育孩子问题上愿与家长共勉：播下一个行动，收获一种习惯；播下一种习惯，收获一种性格；播下一种性格，收获一种命运。

第四节　教师如何协调家长与孩子之间的关系

对家长的培训

家长是孩子的启蒙老师，家长的言行对孩子的影响及其深远。而许多家长不注意对孩子科学教育，导致家长与孩子关系紧张僵持。作为教师，为了孩子身心的健康发展，有责任协调家长与孩子之间的关系，使孩子逐渐形成有进取心、有责任感、懂得感恩的优良品质，这也属于学校德育工作的范畴。

协调家长与孩子的关系，首先从对家长的教育做起。学校可以利用家长学校、家长会等形式对家长进行集体培训，如果是个别问题或临时问题，教师还可以家访或打电话与家长进行沟通。对家长的培训从以下几方面内容入手：

1. 创设良好的家庭气氛

首先父母双方要相敬如宾，语言轻松幽默，消极情绪不要带回家里，不要当着孩子吵架，性格最好乐观开朗，生活富有情趣，工作上进取心强，不怨天尤人，对孩子尽量讲道理少斥责。

2. 学会倾听，做孩子忠实的朋友

许多家长和孩子之间的关系冷漠，都是因为以家长自居，习惯对孩子发号施令却疏于沟通。其实孩子在很小的时候喜欢跟父母说说自己的想法，随着年龄的增长，父母越来越嫌孩子烦，不愿听孩子的唠叨。但代沟真正出现的时候，想拉近距离却已不那么容易了。所以家长少些说教，多听孩子诉说，在聆听的过程中，洞察细微，掌握孩子成长中的点点滴滴，做孩子忠实的朋友。不管父母与孩子之间，还是教师与学生之间，朋友似的理解和鼓励，一直是我们追求的最融洽的关系。

3. 对孩子恰如其分的评价

不管表扬和批评都该恰如其分，对孩子的优点给予明确的表扬，孩子进步的点要找准，让表扬有方向性和指引性，使孩子接受表扬后明白自己努力的方向。批评要到位，孩子错在哪里要说清楚，同时给出改进意见，帮助孩子纠正错误取得进步。不管批评还是表扬都要真诚，真诚的表扬给予孩子动力，真诚的批评使孩子觉得奋斗的路上不是自己一个人。

4. 和孩子共同郊游或参加活动

父母常以工作忙为理由，把自己的生活圈与孩子的生活圈划分开来，时间久了孩子与父母的关系越来越远。细想起来不是家长没时间，而是没有关注孩子的细心。时常跟孩子一起做游戏或出行，陪孩子共同观察生活感受自然，随时为孩子讲解他们在生活中或学习中遇到的迷惑，有助于孩子快乐的成长。

对家长进行家庭教育的培训后，如果碰到个别问题的孩子，教师还要根据孩子的具体情况，帮助家长出谋划策，制定教育方案，关注孩子转变情况等。

对孩子的教育

教师的教育主阵地是课堂，所以在教学当中要注意渗透感恩教育。课本中的故事就是很好的范例，教师及时结合实际点拨学生。但是注意说话方式，一定要真诚不能太刻意，以免引起一些本就是问题孩子的反感。

课下的辅导也很重要，针对个别孩子的问题，以聊天的形式和孩子沟通，告诉孩子父母的不易，启发孩子应该多站在父母的角度想想，千万不能忽视父母的爱。相信课下教师语重心长的交谈，定能使学生重新考虑与父母之间的关系。

学校能做的努力

为了增进家长与学生之间的感情，学校可以开展一些双方都能参加的活动，为家长和孩子的交流创造机会。但是不管怎样的活动，教师为了巩固活动效果，都要为家长和孩子布置任务。活动是增进感情的行为媒介，而教师所留的任务，就是帮助家长与孩子做进一步心灵上的沟通。活动必将引起家长和孩子深刻的情感体验，从而转变他们之间的僵持关系，逐渐形成融洽的气氛，以促使家庭成员和谐共进。

不论学校采取怎样的方式协调家长与孩子之间的关系，都只是辅助手段。要想两代人真正融洽相处，还需双方当事人的共同努力。只有小家的和谐才能促进大家的和谐。作为教师，应更关注在不同家庭成长起来的孩子，帮助他们成为对社会有用的人才。

案例：某校亲子关系改善活动方案

亲子活动

活动安排：

在运动会上或者活动课时，教师可以把孩子的父亲（母亲）请到学校，和孩子共同参加游戏或比赛。如：两人三足跑、接力棒传递、一背一竞技等。

后续任务：

1. 父亲（母亲）与孩子共同写一份活动总结，分析活动成功或失败的原因。

2. 父亲做简短总结：孩子具有哪些潜力。

3. 孩子做简短总结：我最佩服父亲（母亲）的一个表现。

主题班会

班会安排：

1. 每个同学准备一封信，主题为"感谢您，我的妈妈（爸爸）"

2. 每位家长准备一个送给孩子的小礼物。

后续任务：

家长写一句对孩子祝福的话。

学生写出父亲（母亲）的一个爱好。

家长开放日

活动安排：

在固定的一天，邀请家长走进课堂，同学生一起听课。

后续任务：

父母留下一段鼓励或表扬的话。

孩子对家长说：爸爸（妈妈），谢谢您坐在我身后。

亲情卡

预留任务：

孩子在家做一项力所能及的家务（比如为父母洗一件衣服）。

父母给孩子一个拥抱。

特别纪念日或节日（生日、父亲节、母亲节等）

预留任务：

父母为孩子讲一件他小时候的故事。

孩子写作，主题：您给了我生命，我用什么来感谢您。

一次有意义的出行

预留任务：

为孩子拍一张途中的照片。

孩子写作：我跟爸爸（妈妈）学到了什么。

第五节　如何开好家长会

家长会是教师与家长面对面交流的主要途径。通过家长会，教师向家长汇报孩子在校表现，就某方面问题与家长共同探讨，对家长提出配合学校工作的具体要求。

家长会召开的时间没有一定要求，多是班主任就本班情况而定，当有一些普遍问题需要和家长交流的时候，就可以召开家长会。例如：在大考之前为了给学生创造轻松的学习环境、在阶段考试之后为了帮助学生总结、在发现普遍的心理动向时需要家长的及时配合等。

家长会的召开有一定步骤。

准备要充分

首先要确定主题。主题往往相伴问题生成，所以会前班主任要对学生及其家长做一全面了解，比如家长的文化程度、工作性质等，考虑怎样讲话才能引起家长的共鸣，一些问题要做到心中有数，例如：通过家长会要解决什么问题，取得什么效果等。主题的设定不要太笼统，要跟家长切实相关，要使家长在会后明白自己的哪些思想需要转变，自己应该为孩子做好哪些服务等。

主题确定之后要着手材料准备，包括室内环境的布置、参加会议人员及分工、自己发言的材料、会议实施方案的设定等。如果有必要还可以在家长会召开的前几天下发问卷调查和家长会邀请函。

之后是接待工作的部署。这项任务主要需要学生的配合，在需

要家长按位次入座的情况下，学生要提前在座位上贴好姓名，这有效地减轻了家长到会的统计工作。还要挑几名同学在校门口迎接，然后把家长请进教室，家长感到了学校的热情，会产生对学校和教师的认同感。

发言要讲究技巧

发言要条理清晰，以情动人。发言内容有几个必备方面：班主任的工作思路、教育理念、工作方法、学生成绩、纪律表现、思想动态、成长进步等，介绍每一项最好都举学生实例来说明。介绍不怕细致，但每一点都表明教师对学生的关注。家长听了之后，认为老师对孩子认真负责，觉得把自己的孩子交给这样的老师值得放心，在接下来老师对家长提要求时就会乐意接受。

对家长所提建议也要注意分寸。既不能要求过高，也不能轻描淡写。一般是两方面要求：一是给学生提供良好的学习环境；二是重视孩子的身心健康。近年来学生的心理问题凸显出来，因此后者逐渐成为了教师与家长交流的重点。家长因为工作忙碌，疏忽了对孩子的关怀，或者由于独生子女受到家长的溺爱，更多孩子偏激、执拗或者孤傲、娇气。所以在家长会当中，教师要以事实为依据，展示现象，说明问题，提出建议。一般希望家长对孩子进行责任心的教育、感恩的教育，并建议家长要用智慧教育孩子，多培养孩子的能力，帮助孩子心理健康成长。

从众多次家长会来看，家长不喜欢空洞的说教，更多的喜欢听具体事例，班主任在发言时，可以把孩子日常学习生活的故事讲给家长听，从细节当中看问题，生动可感真实可信，更具感染力。

虽然对家长提建议都是根据孩子身上的不足或者家长做法的不当提出的，但是那是普遍现象，如果在会上对某个孩子及家长公开批评是绝对忌讳的。那样不但不利于问题的解决，还会使家长下不来台，感觉颜面尽失，不会再来开家长会。即使对某个孩子进行表扬也不要过多，以免引起其他家长的反感。

另外，对孩子的批评也要留待会后再个别谈话，谈话时要放大优点，缩小缺点。许多孩子都惧怕开家长会，会后总会换来家长的一顿批评，就失掉了开家长会的目的。其实，孩子的心理负担和家长的心理压力，多是因为班主任把家长会开成了批斗会。为了避免这种情况发生，班主任还可以做的一件事就是设计作品展览或者成果展示这个环节。放大优点不意味着不尊重事实，而是在看到他们优点的情况下对学生和家长做一鼓励。赏识在很多时候都比批评要有效。

教师与家长是平等关系，教师的态度要亲切友好，对学生学习生活的关怀，对家长支持工作的感谢，对将来的展望都应该在愉快的气氛中真诚表达。使家长因为家长会有所收获。使学生因为家长会有所进步，才能使家长满意而归，并期待下次家长会的召开。

形式要灵活多样

家长会的形式多种多样，不管哪种形式都是为了家长会的主题服务。作为教师要把家长会当作一堂活动课来精心设计。形式的选择没有固定要求，有座谈汇报型、经验交流型、分组讨论型、案例展示型、才艺表演型、亲子互动型等等。教师们习惯把两种或几种

形式融合在一起使用，基本是"总—分—总"结构。先由教师对班级基本情况做一汇报，再通过多种形式展开阐释，最后对家长提出希望。方法不拘一格，有时汇报、有时讨论、有时展示、有时表演。但是形式灵活多样切忌所用形式过多，杂乱的家长会不但不显得活泼，反而让人眼花缭乱摸不着头脑。

会后要预留沟通时间

有些家长在会后意犹未尽，想就自己孩子的情况与老师进行探讨，教师就要预留出时间给这些家长。所注意的是，对于家长管教孩子方面的迷茫和不解，教师要真诚肯定地给予建议，让家长充分信任老师，才有信心回家教育好自己的孩子。

不容忽视的反思与总结

会后班主任也不要忘记反思总结，给家长分发回执卡，让家长留下对这次家长会的意见和感想，针对普遍意见来调整自己的工作，针对个别意见再个别交流。还要多采纳同事的改进意见，多观察学生的改变。如果发现自己的工作做得不到位，应该及时纠正补救。

家长会只是班务工作的一个小插曲，但只要是工作，就应该认真对待。成功的家长会，能带给家长不同的感受，给大家留下美好的回忆，也会成为下一次相聚的期待！而对于班主任来说，相信他们只要看到家长的支持与学生的信赖，不管工作多么繁琐，都会觉得这份累是值得的。

第六节　家长会的形式

班主任召开家长会的形式各有特色，经过调查研究，下面对家长会的形式做一总结：

座谈汇报型

这是班主任采用的最传统最普遍的一种形式，因为教师想要说的问题很多，而家长又多数很忙，为了节省时间，班主任常常采用座谈汇报式。主要内容是教师介绍学生学习纪律情况，对家长提出具体要求，让家长在家给孩子创造良好的学习环境。

这种方式主题明确，重点突出。缺点是家长容易感到枯燥，尤其在汇报孩子情况这一环节，教师不可能每个孩子都提到，家长会感到和自己没关系。为了避免这种现象，教师可以把这一环节做成展板，布置在教室四壁，家长陆续到来时，就可以查看教师对自己孩子表现的评价。教师也可以在汇报时举一些实例，运用幽默的语言来调动家长会的气氛。

经验交流型

如果在学期末召开家长会，以探讨成绩为主时，可以留给一些家长间交流的时间，家长们就自己孩子的情况与其他家长的进行交流，取长补短，更具实效性和直观性。而且可以让部分家长在会上发言，现身说法，更具真实性和榜样性。

教师注意的是，要随时掌控会场气氛，要保证大多数家长积极参加到讨论中去，如果只是少部分家长在交流，势必造成其他家长的不耐烦情绪，所以讨论时间要由班主任随机掌控。

分组讨论型

在家长会之前，班主任根据学生的具体情况，按照相似性分成几个组，然后安排其家长分组落座。事先把任课教师分到各组，告知这个组孩子的共同特点，安排讨论任务，让任课教师负责带领家长讨论解决共同存在的问题。

这种方式为任课教师与家长创造了接触机会，小组中孩子的问题相似，讨论起来更具有针对性，家长会感到有实际的收获；在会前，一定要求做好任课教师的功课，调动他们参与班级管理的积极性，拉近与学生、与家长的距离，有利于单科教学。不足之处是这种家长会形式分组时有难度，个别学生特点不一，分组后必定忽略其他方面问题的解决。补救方法是会后把个别家长留下，个别问题个别讨论。

案例展示型

当教师准备与家长探讨哪方面问题时，可以采用出示案例的方式。案例可以是班中实际发生的事，也可以是报刊文摘或者新闻报道。展示的方法可以发放复印件、学生朗读、情境再现、影音文件或者教师直接讲解。案例的出示使问题展示更直观，更能引起家长的共鸣。

才艺表演型

在家长会上，班主任可以给学生提供这样一个表演的机会，对于孩子来说，这是对自己的一次锻炼；对于家长来说，可以在同龄孩子的比较中对自己孩子的现状有一定位。同时，家长们如果看到自己孩子的表演，会分外激动，对孩子的学习也会充满自信。但是节目的选定要求班主任认真推敲，最好扣住家长会主题，不要为了表演而表演，造成与主题脱节的情况。

参与活动型

家长会要讲求实效，同时要尽最大可能地激发家长参与的热情，有些活动可以邀请家长一起参加，比如：即兴情景剧等。不要让家长参加一次就不想参加第二次，要积极营造和谐的、有利于沟通的氛围。

亲子互动型

家长会不但是教师与家长沟通的平台，同时也是家长与孩子交流的一次机会。在家长会进行中，可以设置学生向家长表示感恩的环节，一句话、一首诗、一个鞠躬、一个拥抱都是感恩的表达。形式不拘一格，以对话方式或者以汇报自己成绩等方式都可以。一般这个环节可以作为家长会的高潮部分。全场动容，达到拉近情感的目的。

家长会的形式是灵活多样的，但每一种形式都不是独立存在的。

聪明的教师根据家长会的召开目的，从中选择几种穿插使用，一定会取得不错的效果。

第七节　教师家访的注意事项

家访是教师与学生家长取得联系的一种手段，家访的目的是与学生家长共同探讨学生的教育问题。善于家访并懂得家访技巧的班主任更有机会带出优秀的班集体。苏霍姆林斯基说过："只有家庭教育而无学校教育，都不能完成培养人这一极其细致、复杂的任务。良好的学校教育是建立在良好的家庭道德的基础上，而家庭教育是一门培养人的科学。"所以教师对学生的教育不能忽视孩子的成长环境。教师要善于跟家长交流教育孩子的方法，交换共同塑造孩子良好性格及习惯的意见。这也是教师顺利开展班级各项工作，提高教育质量的重要保证。但是教师的家访并不是次数越多越好，家访一定要讲究技巧和效率。

找准家访的时机

教师提到家访难免会出现一个误区，以为只有孩子出现问题了再去家访。其实防患于未然的家访才有意义，当家长发现小的端倪的时候，最好及时家访，以了解孩子的成长环境，对孩子进行及时的疏导。相反的是，当孩子出现问题了再去家访，家长、教师、学生都处在一个特定的心情里，弊端就出现了，因为都在气头上，容易有不理智的行为。所以不管孩子和家长，一听到教师要家访，都或多或少有些心理压力，觉得老师来肯定没好事。

这是教师惯常家访行为给家长和学生造成的思维定式。其实，教师可以用不同目的的家访来改变家长的这种看法。比如，在学生因病未到校的时候，如果教师此时去家访，肯定触发家长的感激、学生的感动。家长会加倍支持学校工作，学生会加倍努力学习。再者，如果在学生取得优异成绩或学生取得很大进步时去家访，效果要胜于在学校的言语鼓励。如果学生之间产生了矛盾、学生心情有低落的表现、个别学生性格不合群等，教师去家访，及时送去关怀，问题便可迎刃而解。

征得家长的允许

教师的到来，对于学生家长来说，不一定是惊喜。有的家长工作太忙，他们更喜欢电话交流。还有的家庭复杂，不喜欢旁人的询问。甚至有的家庭经济条件窘迫，怕给自己的孩子丢人。不同的家庭不同的情况，因此教师在家访前，最好和学生家长取得联系，在征得同意后再去家访。这也体现了教师对学生及其家长的尊重，免得吃闭门羹。尤其离学校太远的家庭，教师如果一定要家访，一定事先联系好，避免徒劳无功。

反映学生问题要客观

报忧不报喜是与家长联系时的通病，其实每个家长都对自己的孩子充满了希望，教师在最初说孩子缺点时家长是接受的，如果说得太多或者太过分，家长对自己孩子失望的同时，顺带会产生对教师的不满，认为教师没能力教育好自己的孩子。所以教师应该客观公正的点评孩子，这样更令人信服。还有些教师喜欢用的一个杀手

铜就是以成绩说话，多数家长要看的就是成绩，而教师不论学生什么错误，只有把孩子的成绩搬出来，肯定能说出不满意之处，量谁都只能哑口无言。而这种做法会使学生更加厌学，以为怎么努力也不会达到教师的要求，教育效果便适得其反。但是学生的天职就是学习，如果学习成绩差，教师确实应该提及，但同时也要给出切实可行的努力方向，给家长和孩子一个希望，也就是给自己一个希望。

适当介绍学生在校的学习环境

学生在校的学习环境包括两方面内容：一是教育群体环境；一是班级学习环境。把孩子置身在这样一个环境中，家长更能全面了解孩子的情况。教育群体环境主要是指学校的师资情况、教师的教育经验及对工作的无限热情。团体的战斗力胜于一个人的孤军奋战，这一点介绍使家长充分相信教师队伍的能力，从而对孩子的进步便充满了信心。班级学习环境主要体现班主任的管理水平。同学之间的关系、班级学习气氛等等的介绍，使家长对班主任充分的信服，从而更加愿意全力配合教师的工作。

家访的私人性和公开性

如果不是以表扬为目的的家访，最好班主任不要在班上宣扬，而是与被访学生达成默契，讲明教师家访不是去告状，而是去解决问题。家访过程中，尽量保证学生在场，让学生知道家长与教师共同关心的问题是什么，他该向哪个方向努力，这样学生就不会被动接受家长的指责，也避免了家长对孩子转述当中的个人色彩。许多家长容易在教师家访后板起脸来说老师怎么怎么批评你了。这种转述，失去了教师批评中的担心和关怀，往往给孩子带来消极情绪，不利于孩子信心的重建。

学会做一个倾听者

既然家访是为了了解学生家庭的结构、经济状况、所受教育等情况，就应该在恰当的汇报和询问后，多听听家长的意见。任何一个孩子都有自己独特的特点，家长是最了解他们的，家长在叙述的点点滴滴中，教师便可以深入了解孩子的情况，以便调整今后的工作。而任何一名教师也一定有令人不满意之处，即使你自认为经验丰富、专业出众。家长的意见和建议即使具有片面性，但是一定也有他的理由，或许，某一个建议正是打开孩子心结的钥匙。认真的聆听使自己有一个进步的过程，通过自己仔细分析、认真考证，对那些可行的建议要认真采纳。对那些还有鄙陋之处的建议，从中也能受到某种启发。所以，要做个倾听者，家长才会觉得教师是和蔼可亲的，教师的家访也才会有极大的收获。

注意绕开私密性问题

家访时追求的是一种轻松的氛围，但不能因为氛围轻松就可以说话太随便。私密性问题所指两方面：一是学生在校的私密问题。学生正处于青春期，一些私下与教师交流的问题是不愿意告诉家长的，尤其是女孩子，喜欢通过书信、周记等形式与教师交流，说出自己的苦闷冀求教师的安慰和指导。如果教师在家访时过分触及，会对孩子的心理造成伤害，在孩子心里，往往教师就是朋友，而教师的泄密行为，会使孩子极度失望，从而对教师失去信任，甚至对

学习也提不起精神。

第二类私密性问题指家长的个人生活问题。教师要了解孩子的生活环境，对家庭的一般性了解无可厚非，但是如果涉及家长不愿提及的话题，最好还是绕开，过分盘问对解决问题没有什么益处，反而降低了教师在家长中的威信，那才是工作上的失败。

家访是成人之间的交流，许多问题都是应该注意的，只要我们多站在对方的角度想想就不会出现什么差错。当然家访要讲究技巧，既要亲切自然又要不失严肃，不挖苦讽刺也不故意讨好，大方得体的举止、亲切随和的言谈是最基本的要求。通过家访，教师会找到许多孩子行为品行的形成根源，并获得家长的理解和支持，使我们的工作有更大进展。

第五章　教师的自身成长

面对新世纪翻天覆地的变化，处在培育人才第一线的教师该思考些什么呢？我们是故步自封？还是与时俱进？一个优秀的教师，应该是适应时代发展的教师，应该是热爱生活、珍视生命的教师。应该有健康的体魄和乐观的心态，应该有高超的专业素质和完善自我的能力。因此，在学生成长的同时，教师自身也在成长。

第一节　教师应与时俱进

在新课改的形式下，教师正面临着重大发展机遇。每个教师的思想行为都发生着很大变化，市场经济条件下的今天，教师应该以怎样的面貌站在今天的历史舞台上，是教师应该深思的问题。时代的发展，教育的对象也在变化，如果用固有的观念对待自己的工作，势必被时代所淘汰，因此，一个与时俱进的教师，才是现代教育需要的教师。

教书育人，师德高尚

教师全面素质推进从塑造师德开始，教师是教育工作的实施者，是学生增长知识和思想进步的导师，教师的一言一行都有示范作用，对孩子都会产生深远的影响。教育工作就要求教师必须具有高尚的

师德，家长把孩子送到学校，对教师给予了无限信任，只有教师品德高尚，才能帮助学生培养爱国情怀，树立远大理想。新时代需要新型人才，时代要求教师在经济大潮面前，必须树立起高尚的师德，才能承担起教书育人的重任。

学海泛舟，终生不厌

社会日新月异的变化，促进了知识的更新换代，教育者面对这种情况，如果不树立终身学习的信念，是跟不上时代发展的。教师担负的是教育学生的重任，就该自身持续学习，不断更新自己的知识体系，才能去培养新时代的人才。"学海无涯"，在教学的同时，不断丰富自己的学识，优化自身的知识结构，掌握现代化信息技术，整合相关学科的知识，做到得心应手。上级组织的培训、进修、深造等机会更是应该积极参加，只有自己保持终生学习的习惯，才有资格教育对我们充满期待的孩子。

立足实践，提倡科研

做学者型教师是时代的要求。埋头苦干值得赞扬，但好干巧干更值得倡导。一名优秀的教师就该多反思和审视自己的教学工作，而开展科研课题研究便成为现代教师的一项基本素质。首先，教师一般具有多年工作经历，积累了一定的教学经验。其次，一线教师立足于实践，掌握第一手资料。当教师确定课题后，对相关知识要有一个学习吸纳的过程，之后经过认真思考，制定具体实施方案，并在实践中逐步调整自己的步调。科研的开展，不但促进了教师提高和发展的过程，而且有利于课堂教学的优化。使教师的工作真正充满了智慧，增强了教育的艺术性。激发了教学热情，挖掘了自身隐藏的潜能，是教师教学水平的一次超越和提高。

更新观念，锐意改革

由应试教育向素质教育的转变是长期而艰巨的任务，时代的发展和社会的进步，都要求教师更新观念，倡导改革，以提高教学质量。形而上学的说教、卷面的高分都是一种表象，怎样才能培养出学生的能力，是素质教育的基本要求。传统的教学模式、枯燥的讲解、呆板的背诵、机械的答题方法都成为阻碍孩子成才的绊脚石，这个绊脚石就是教师为他们设置在路口的。每当看到学生的劳累、对学习的厌烦和高分低能的无奈，怎不令人叹息。如果教育不是培养人品德和能力的教育，那么孩子还有什么收获？难道孩子收获的真的就只是学习习惯吗？而这学习习惯又是否科学？我们教师给予孩子的有没有战胜困难、直面人生的勇气？有没有积极向上、乐观博爱的性格？有没有创造生活、经营生活的能力？有没有开拓进取、自主创新的激情？许多问题在经济日益发展的今天，摆在了教师面前，我们只有更新观念，锐意改革。

关注心理，健全人格

随着学生生活环境的改变，对教师的要求也就越来越高。教师是培养人的职业，这不单指书本知识的传授，更重要的是关注学生的心理发展，培养孩子的健全人格。人们把教师喻为"人类灵魂的工程师"，因为在孩子的成长过程中，教师确实充当了非常重要的角色。孩子正处在身心发展阶段，作为教师，要为孩子创造良好的学

习环境和人际交往环境，美化净化孩子的心灵。心智还未完全成熟的孩子心理上会出现各不相同的问题，再加上对独生子女的娇生惯养，心理问题更是层出不穷，教师这时候就要充当起心理医生的角色，动用各方面力量帮助学生进行心理疏通。

拓宽思路，激活课堂

旧时的教师只要站在讲台上一味的讲解，就完成了教学任务。而新时期的育人要求是要培养孩子多方面能力。这就要求教师必须继续学习，认真研究激活课堂的方法。教学方法不一而论，但又各有特色，教师要找到适合自己、适合学生、适合当堂教学任务的方法，才能充分调动学生的积极性。教学方法的探求需要教师丰富的知识、灵动的思维、坚持不懈的精神，最主要的是要不断学习，尝试最适合课堂的教学方法，用丰富的知识做基础来驾驭生动的课堂。

总之，要想做一名优秀的教师，就该对工作和生活充满激情，要勤奋刻苦，勇于进取，团结合作，不断创新。要用发展的眼光看待自己的工作，同时也让自己同时代一起成长。这样的教师，才是与时俱进的教师，才能在自己的本职工作中实现自己的人生价值，才能成为学生学习的楷模和榜样。

第二节　教师的职业进阶

进入教师职场，就会不可避免地面临职业进阶的问题，职业进阶通常以职称形式来表现。职称在社会人力资源管理中处于重要地位。它对培养人才、激励进步起着不可估量的作用。相应而生的职称评定工作便成为一种激励机制，为学校人才的聘用做了准备工作，成为学校聘用人才的有力依据和参考。

教师职称评定制度从 20 世纪 50 年代开始实施，到现在已经经历了半个多世纪，大致可分为三个阶段：第一阶段为 20 世纪 50 年代到 1977 年以前，人事部门直接进行考核，对符合条件的教师采取直接受命制。第二阶段从 1977 年到 1983 年，那时"文革"刚刚结束，国家正处于经济文化的复苏阶段，职称评定采取特殊办法：各级职称评定委员会和科技干部管理部门作为职称评定工作的主管部门，他们只对教师的学术水平及工作成绩进行评价，也就是只评定相应职称，不涉及聘任职务，不与工资挂钩。第三阶段从 1986 年起，实行的是专业技术职务聘任制度，相应而生的是以职务工资为主要内容的结构工资制，一直沿用到今，成为国家对在职人员选拔人才的依据之一。

教师的职称一般分三个级别：初级（助理级）、中级、高级。

根据所在学校不同，小学又分为小学教师二级、小学教师一级、小学教师高级（中级职称）。中学分为中学教师三级、中学教师二级、中学教师一级（中级职称）、中学教师高级（高级职称）。大学分为助教、讲师（中级职称）、副教授（副高）、教授（正高）。

各级职业资格认定由相应的主管部门负责，教师要想获得一定的教师资格需要参加各级职称评定，获得职称资格后，便具有一定的政治身份，学校可以凭借此条件对教师进行聘任。所以说，职称的评定，是上级部门选拔人才的手段。优胜劣汰，激励优秀教师更好地开展今后的教学工作。而如果教师想充分发挥自己的才能，获得相应的教师资格，是迈向成功的必经途径。

职称评定制度非常严格，除了对教师思想品德方面的要求外，还需要教师具有相应的素质和条件，只有符合评定条件的要求，才具有参评资格。

初级职称的评定

1. 中师毕业后参加教育工作 1 年，经考核合格，可初定小学二级教师专业技术资格。小学二级满两年后，可晋升为小学一级。

2. 大专毕业后参加教育工作 1 年，经考核合格，在小学任教，可定为小学二级教师专业技术资格；在中学任教，可定为中学三级教师专业技术资格。

3. 大专毕业后参加教育工作满 3 年，经考核合格，在小学任教，可定为小学一级教师专业技术资格；在中学任教，可定为中学二级教师专业技术资格。

4. 大学本科毕业后参加教育工作 1 年，经考核合格，在小学任教，可定为小学一级教师专业技术资格；在中学任教，可定为中学二级教师专业技术资格。

5. 获得双学士学位，从事教育工作，经考核合格，可定为小学一级教师或中学二级教师专业技术资格。

参加初级职称评审一般要准备以下资料：学历证书、荣誉证书、先进材料、论文、年度总结、年度考核表等个人材料。根据人事部《关于全国专业技术人员计算机应用能力考试的通知》（人发〔2001〕124 号），从 2002 年开始，在全国范围内推行专业技术人员计算机应用能力考试，并将考试成绩作为评聘专业技术职务的条件之一。参评人员凭借相应的计算机等级证书，参加评选。有个别地区还有对英语级别的要求。

取得初级职称的教师，便取得了在教育行业被人认同的干部身份，以后在填写一些表格的时候，职称一栏要根据自己所取得的职称来填写，并且为了评定中级职称打下了基础。教师取得初级职称的这几年，正是学习精力最充沛的几年，他们思想充满活力、勇于挑战传统、更适应时代日新月异的变化，在取得职称后，工作的热情被充分调动起来，通过不断的探索学习，能迅速形成自己的教学风格。

中级职称的评定

1. 大学本科、专科、中专取得中学二级教师、小学一级教师职称并从事中学二级教师、小学一级教师技术职务工作五年以上。

2. 硕士学位，取得中学二级教师职称并从事初级技术职务工作三年以上。

参加中级职称评审一般要准备的资料：学历证书、现任专业技术资格证书、现职聘任书、计算机合格证、教师资格证、荣誉证书、先进材料、论文、年度总结、年度考核表等。有的地区还有论文要求，一般要求在省级以上刊物发表的论文 1 篇。

取得了中级职称的教师，级别上升了一个层次，对自己会生出新的要求。中级教师已经成为学校作风踏实、业务能力强的中流砥柱。并且大多取得了优异的成绩，评上中级职称，是组织对自己工作能力的充分肯定，这更加增强了教师努力研究业务的信心。此时也有了一定的教学经验，更加注意理论的学习，注重教学科研的开展，成为学校教学能力过硬的教师梯队，促进了教育事业的长足发展。

高级职称的评定

1. 大学本科毕业，取得中学一级教师、小学高级教师职称并从事中级职务五年以上。

2. 大学专科毕业，取得中学一级教师、小学高级教师职称并从事中级职务五年以上。

3. 中专、高中毕业，取得中学一级教师、小学高级教师职称并从事中级职务五年以上。

参加高级职称评审要准备的资料和中级的基本相同，区别在于对计算机合格证和论文的要求不同，计算机合格模块数量有所增加，论文也增至多篇，并且对论文发表的数量也有更高的规定。

取得高级职称的教师，又登上了一级台阶，这是发挥自己能力的又一平台。高级教师教学经验丰富，具有丰富的理论知识，对本学科的知识及教学工作形成系统化，并且具有较强的科研能力。职称的取得，给教师发挥自己的才能提供了更大的舞台，众多的学术交流机会，使思路更开阔，知识更渊博。这一切都促使他们积极带动新教师，及时根据本学科的发展动态，主持开展有价值的教学研究，让自己的教学理念得以更广泛的传播。

破格申报

在职称评定过程中，对一些表现出众的教师提供破格申报的机会。一般要求在教学上有出色表现，获得过省、市等教育体系的奖励。凡破格申报晋升专业技术职务任职资格的人员，必须参加由评委会组织的专家答辩，成绩合格者，方可提交评委会评审。各级评委会原则上不受理越级破格申报。

随着经济全球化的进程，我国也迅速与世界接轨，许多地区已经制定了海外人员回国任教的职称资格认定制度。为这些人员开辟了绿色通道。同时我国也鼓励优秀教学人员到国外进行任教或交流，在制度方面都尽量提供方便。世界人力资源的流通，是经济一体化的必然趋势，也是指导我国进行职称体制改革发展的依据。

教师的职业进阶虽然是个复杂的过程，但是它起到了国家选拔人才的作用，许多优秀的教师脱颖而出，为我国教育事业增光添彩。公正完善的职称评定，明确了人才评价导向，成为调动教师辛勤工作的动力，使优秀教师充满了自信，以更大的热情投入到教学工作中去，完成工作的同时，也实现了个人价值和人生梦想。

第三节　教师的知识更新

随着时代的发展和科技的进步，知识更新的速度越来越快，周期的迅速缩短，对于教师来说，应该体会到一种急迫感。教师从事传授知识的职业，如果自身的知识不能跟上时代的步伐，就无法满足学生对知识的渴求。一个教学的组织者、设计者与传授者，必须不断学习，更新自己的知识结构，让自己的思想、学识对学生产生有益的影响。

百年大计，教育为先，祖国的强盛需要一批拥有优秀专业素质的教师。教师不断更新知识，适应时代的发展，培养出新时代的建设者是一种责任。只有教师队伍的强大，才能为国家培养出更多的出色的建设者，才能完成我们伟大的民族复兴。

爱因斯坦说："使学生对教师尊敬的唯一源泉在于教师的德和才。"教师要激发自己的学习热情，提高自己的学习能力，综合素质和业务水平的提高不是一蹴而就的事情，需要长期不懈的努力。

教育理念更新

一切更新的前提都是人的转变，为了让自己更适应新教材、新课程的要求，教师首先要真正确立起与新课程相适应，并且能体现素质教育精神的教育理念。教育理念更新之后，便会指导教师具体的教学思想和教学行为，开拓出教师广博的思路和超前的创新意识。通过对《基础教育课程改革纲要（试行）》、《课程标准及其解读》进行认真的学习研究，必定带来教师思想的转变，而教师理论素质的提高又必然能促进学校教育工作。从事教育的工作者在把握住改革的整体思路，形成团结合作的教育合力后，实现教学实践的全面彻底的改革便为期不远。

学科性知识的更新

学科性知识是教师所任学科的知识，在教师教授过程中，教师知识的多寡直接影响教师授课的效果，只有掌握丰富的学科知识，教师才有可能举重若轻、高水平的完成教学任务。如今知识体系的更新换代已远远超出我们的想象，还固守一本教材就能上好课的时代已经远去了。作为教师，要紧追知识更替的速度，不断充实我们的知识储备，尤其是要打牢基础知识，掌握好基本技能，对学科基础知识要有广泛和准确的理解，才能在教学过程中游刃有余。

与其他学科的整合也不容忽视，多学科的知识有机整合，更利于各学科教师之间的团结协作，培养了学生综合素质，把所学知识形成完整体系，相互间融会贯通协调发展。

对本学科应该有深入的思考，书面的知识不应该是形而上学，对社会发展与人类发展的意义及价值都值得教师思考。学生的学习是为了指导今后的生产和生活，本学科在这些方面到底能起什么作用？教师应该用怎样的教学方式传达这一点？都值得教师深思。知识不是生产力，运用知识才是生产力，教师交给学生如何把知识变成可运用的生产力，才是客观的学以致用。

教育性知识的更新

教育性知识指教师这个职业具备的特殊性知识，是教师在教学当中把课本知识有目的、有条理、有方法的传授给学生的技巧。比如，教学目标的设置、教学步骤的实施、教学方法的利用、教学语言的艺术等，系统起来包括以下三方面：第一，对三维教育目标的理解；第二，对学习本质的认识；第三，对学生个体差异的认识。教育性知识是教师工作的职业特征。教师具备的教育性知识一般较为僵化，还有理论与实践脱节的情况，所以有些教师的教学显得被动，没有真正把理论融汇到实际工作当中。这就需要教师学习并更新教育性知识，迅速完善自身专业素质。

文化知识的更新

新课改的一个重要特点就是注重了学科知识间的整合，没有一个知识体系是独立存在的，新形势要求教师具有一定的文化知识。

学生的全面发展在很大程度上取决于教师具有广泛而深刻的文化背景知识。课程综合化是现代教育的要求，学科间互相渗透、学科间的横向联系，督促教师要不断学习。当教师讲解一门学科时，其中一些内容可能涉及其他知识，如果教师不懂得跨学科知识，不但对自己所教学科的教学效果产生影响，而且会大大降低自己在学生心目中的形象，使自己所授知识满足不了学生学习的需求。使教育陷入一种困境。所以教师不但要精于专业，而且对其他知识也要有广博的涉猎。

实践性知识的更新

实践性知识需要的是教师对日常工作的有心积累和总结，是对教学成功之处、失败之处、感怀之处的再处理的过程，实践性知识可能是与学生交往过程中的注意事项或者技巧，也可能是学科知识的传授方法和内容的反思。实践性知识的采集对象多是教学情境，而时代的不同、知识体系的不同、学生品性的不同等，都可能造成某些经验的片面性。因此，一名优秀教师就该与时俱进，针对不同对象调整更新自己的实践性知识，还要多观察个体差异，多虚心向其他同事学习请教。

学习是个充实自己的过程，知识更新的途径基本上有以下几种：

1. 积极参加培训

上级和学校组织的学习培训活动，是教师提高素质的重要途径。它时间安排合理，针对性强，这种共同学习的方式，为教师创造了一个共同学习、共同探讨的机会，同事之间的充分交流，使知识迅速共享，是教师快速提高水平的机会。

2. 学习书本知识

"书山有路勤为径"，书山是知识的海洋，是我们个人取之不尽、用之不竭的源泉，是成人自学最自由、最便捷的方式，它不受时间、地点的限制，只要好学，随时随处都可以成为加油站。教师就该充分利用自己工作之余的时间，多涉猎与教学有关的书籍，让书籍成为陪伴自己的老师与朋友。书一页一页地翻过，知识一点一点地积累，天长日久丰富的学识必定能有效地辅助自己的教学。

3. 虚心向同事请教

不管自己的教龄有多长，都难免会遇到令自己犯难的问题，这时候不要意气用事草草收场，而是要静下心来虚心向同事请教，别人以自己的经验给予帮助，或者热心出谋划策，不但顺利地解决了自己的麻烦，而且增加了同事之间的感情，和谐的同事关系，更利于自己的教学。

4. 在实践中反思

实践是第一课堂，当教师有一定工作经验后，就该适时反思，反思能帮助自己发扬优点，弥补疏漏，把反思当成一种习惯，对经验做一积累，时时检点自己的工作，其实也是学习进步的过程。

总之，教师的知识更新是时代的要求，在时代的洪流中要么乘风破浪，要么沉船搁浅。

第四节　教师的专业收获

教师不仅是个人的一项职业，同时更是国家的一项事业，"百年大计，教育为本。"教师不是祖国的未来，但是教师从事的职业关乎

祖国未来。在每一名教师从教的过程中，必定经历过种种艰辛，那些冬晨春日，那些酷暑严寒，都印记着教师忙碌的脚步。那些成功的喜悦和失败的沮丧，都书写着教师无悔的心声。数十年的坚守与奋斗最终能让我们在安静下来的时候，体会这份收获的喜悦。

社会的尊重

"国将兴，必贵师而重傅。"胡锦涛总书记说："尊重教师是重视教育的必然要求，是一个民族强大的标志，是社会文明进步的重要标志，是尊重劳动、尊重知识、尊重人才、尊重创造的具体体现。"越来越多的人认识到，教师的教学是培养人才的工作，肩负着开启智慧、传播希望和幸福的任务，关乎国家的未来和民族的希望。社会上给了教师很高的声誉，说教师是太阳底下最高尚的职业，常被人们冠以辛勤耕耘的园丁、燃烧不息的蜡烛、吐丝不竭的春蚕、灵魂的工程师、甘于俯首的孺子牛等等，这些称号充分体现了社会对教师的赞许和尊重，是教师的社会身份受到最普遍的认同，也为教师的不懈努力添加了无穷动力。

家长的信赖

家长把孩子交给了学校，交给了老师，便把培养孩子的希望寄托在老师身上。责任重于泰山，教师将真情捧给学生，将激情献给教育，教师在孩子的成长过程中充当了重要角色，从学习到生活，事无巨细样样关心。而且教师逐渐开始注意孩子的生长环境的优化，不少教师都对家长做必要的家庭教育的辅导，与家长站在同一条战线上培养孩子，关心孩子。这些家长都看在眼里，他们体会到教师不是一个孩子的母亲，而是整个班级孩子的母亲，许多家长为此感动，他们认为把自己的孩子交给这样的教师是完全放心的。

而且就孩子成长中出现的其他问题，家长也经常拿来向教师请教，这时，教师不但是传授知识的角色，更是家长的朋友和伙伴。更有一些家长，当他在家里对孩子的管教不起作用的时候，就会来到学校与教师倾诉，希望教师出谋划策或者协调两代人之间的关系，这时，教师在家长眼里又成为坚强后盾。其实，这些都源于家长对教师的充分信任。教师的努力能换得家长如此信赖，是心理上一个温暖的慰藉。

学生的爱戴

教师工作的直接对象就是学生，从孩子几岁开始，一直到成人，都离不开教师的培养。孩子是天真无邪的，就像一块空白的画板，将来涂抹上去的色彩，是绚烂还是黯淡都未知，都需要教师帮他们拿好笔，去调生活的颜色。

当孩子进入校园起，教师一直在做两件事：一是指导孩子学习；二是关注孩子成长。教师用丰厚的专业知识和教学智慧，把知识引进孩子的头脑，让他们一天一天充实丰富起来。又不忘关注孩子的心理成长，他们的喜怒哀乐都不曾逃过教师的眼睛，而心理工作又是最复杂、最多变的工作，教师此时充当的是心理医生的角色，在最恰当的时候给予学生最及时的点拨。教师的每一次教育行动都倾注了自己无数心血，这份辛苦教师从不计较，他们一直以学生的快乐为自己的快乐。

在长期的了解接触当中，学生对老师产生了深深的依恋，既把

教师看成温厚可亲的师长，又当成了可以倾心交谈的朋友。许多青春期的困惑和对社会的不解，学生都愿意找到老师交流请教，或者对面交谈，或者书信来往。教师总能循循善诱，为他们指点迷津。在老师几年的教导中，关注的却是孩子一生的发展，而孩子一生的记忆里，老师已经成为一生的惦念。他们在许多年以后，也会觉得自己的老师才是最值得尊敬和爱戴的人。爱戴，是个含义丰富的字眼，我们既看到初始的付出，也看到满枝桃李。教师是个清贫的职业，但是教师不为经济大潮所动，他们更看重的是更高层次的富有。无需多言，当收到学生真挚的祝福，当看到学生身心健康地茁壮成长，还有什么是比这个更丰厚的礼物？

个人素质的提高

伴随着学生的成长，教师自身素质也在逐渐提高。从一个初出茅庐的师范生，成长为一名经验丰富的教师，中间经历的是艰苦奋斗的过程。首先，道德素质的提高与长期的一线工作有千丝万缕的联系，对学生思想品德教育，首先要求教师有较高的思想觉悟，在反复规范学生的道德行为的同时，对自己也是强化作用，所以教师成为高素质的群体。

学科知识是在工作中不断熟悉掌握的，从知识点的确立到知识体系的形成，从理解教材的浅显到教材的灵活应用，都不是一朝一夕就可以完成的，都需要不断学习提高。而且随着教育改革推进，教师的教育理念也在不断的发生变化，新型教师应该是能适应教育改革大潮的，对一些教育理论的学习是丰富自己教育知识的捷径，学到之后还要结合自身实际与学生实际有选择的采纳。自身经验也是提高自身素质的一项重要来源，随着教龄的增长，一年一年的经验积累起来，及时分析总结，完善自己的教学理念，便可以逐渐形成自身特色的教学风格。新课改还督促教师不能单纯的做教书匠，还要努力成为学者型教师。这就要求教师不但有丰富的教学经验、过硬的专业素质、一定程度的理论知识，还要求教师能高瞻远瞩，具有较强科研能力，在工作中善于反思总结，让知识与实践形成良性循环，互相生成互相促进，以助个人价值充分体现。

　　教师是知识的传播者，传播行为本身就是一种愉悦，就像老农撒下种子时一定是面带微笑的，因为他的心中充满了希望。因此说，教师不仅传播知识，他还应该让内心充满爱，也只有自己的内心充满爱，才能让学生懂得什么是希望，什么是幸福，什么是乐观的面对责任。教师又类似于雕塑者，雕塑者的一刀一画创造的是固体美，而教师的一言一行，塑造的是心灵的崇高，是祖国的未来。教师就在整个憧憬和实践的过程中，一路走一路看，一路收获别人的成绩和自己的精彩，这都是路途中的愉悦身心的风景，那么，作为教师，我们还有什么遗憾。

第五节　教师的心理减压

　　教师心理压力过重在近年来迅速成为人们关注的重点问题。2008年教师节前中国青年报社会调查中心通过腾讯网教育频道，对90964名公众进行了"中国教师健康状况调查"。调查发现，教师的压力主要有以下几个方面：学生成绩（60.0％）、教学或管理任务重工作时间长（50.3％）、收入低（42.6％）、学生人身安全事故预防

（41.6％）、无力照顾家庭（33.1％）、职称问题（27.6％）、发表科研论文的压力（19.7％）。调查结果还表明，中小学教师的强迫症状、焦虑程度、人际敏感、忧郁化以及偏执倾向都比一般人群要高，普遍存在着情绪失调的现象。

学生成绩排在首位，是如今应试教育与素质教育的转换过程中残留的问题。学校喊出向课堂要质量的口号，其实是要分数。升学率的高低直接影响着学校的声誉，在争夺生源大战中，成绩无疑是杀手锏，因此导致排名现象屡禁不止。社会与家长都对教师和学生给予厚望，教师与学生的奋斗目标就是分数，这些压力都转嫁到教师身上，名次的高低不但涉及物质更关乎个人的荣誉。所以大部分教师都被卷进旋涡，造成焦虑苦闷。

工作时间过长，工作强度大。在劳动法明确规定每天上班时间不超过8小时的前提下，教师一般都要工作10小时左右。大部分学校都要求教师早上7点以前到校，下午6点左右离校。有住宿生的学校还要监督早晨跑操和晚上的睡。中午只休息不到一个小时还要看管午睡。一天工作时间太长，基本没有照顾老人和辅导孩子的时间，超长时间的工作，很容易引起心情的烦躁，不良情绪的蔓延，造成心理压力越来越大。

另一部分教师还因为管理层要求过多、经费不足、繁重的非教学和科研任务等。在完成教学任务之后，更大一部分工作是要应付各种表格的填写、档案的整理、科研任务的强行摊派等，各种名目的检查也层出不穷，更加重了教师的任务，极端的忙碌在毁坏健康的同时造成了心理的焦躁。一般教师认为，心理压力的根源多是在教学以外的事情上，表面上是以教学为主，可是旁干事情却强占了教师极大的时间和精力。而这些繁重的工作就构成了最初的压力，教师本来就是个责任心比较强、自我约束力较高的群体，他们面对压力的办法就是加倍的工作，不甘于落在人后，高度疲劳必然导致免疫力下降，在精神上或身体上随之出现病症。后果是使工作效率不断降低，身体素质急速下滑。

而近九成的教师认为评价体系不合理是产生压力的重要原因，地方私自规定的对教学成绩的评比、苛刻多变制度不透明的职称职称，在教师的心理上也留下沉重阴霾。

这些问题的出现不得不使我们深思，在教育制度不变的情况下，如何使我们生活得更轻松，如何做到自己心理解压，是必须提到议程上的一件事。

运动解压。这是最常见的一种解压方式，当心情郁闷的时候，出去跑跑步、打打球都是很好的解压方法，还有的人喜欢游泳、攀岩、蹦极、潜水等，用这些运动来缓解紧张的神经。

郊游解压。在周末或假期独自骑单车或约上几个朋友出门游玩也是很好的解压方式，郊外的优美的景色和清新的空气，有利于身心放松下来，把烦恼抛向脑后。

聊天解压。聊天是人们经常才用的方法，找到自己的朋友，向朋友倾吐一下自己的郁闷，释放积郁在胸中的懊恼，一定会觉得呼吸更顺畅。

记日记。有些不想与人交流的问题不能一吐为快，这时候可以记日记，痛快的发泄自己的不满或委屈，写完之后，也会达到倾诉的效果。

冷处理。遇到自己情绪波动太大的情况，可以冷处理。把事情

先放一放，等待至少是自己冷静了心平了考虑周全了再去解决，是明智的选择。

做自己喜欢的爱好。如果自己有画画、唱歌、写作等特长，就可以抽出时间静下心来做这些事，因为是自己的爱好，所以会全身心的投入，从而转移了注意力，缓解了压力。

个人审视自省。对自己内心的探寻是理智的做法，只有真正明白了什么是自己生活中最需要的，才能看清是非疏朗心情。

心理咨询。如果心结太重，影响到自己的健康，就该去找心理医生进行咨询，让心理医生给自己科学的专业的指点，相信一定能更好地解决问题。

还有的人有不同的更适合他自己的解压方式，比如逛街、换新衣服、吃东西、到无人的地方大喊发泄、练习气功疗法等。

这些方法都是对沉郁心情的释放，都是在心理压力过大后采取的手段。其实在参加工作之初教师就该注意这方面的问题，事前的心态平和，胜于事后的亡羊补牢。

教师首先要正确认识自己的工作性质。教师是个特殊的职业，苦干前多加一些巧干，节省出来的时间就可以充分休息。不管从事什么职业都该有从事这个职业的智慧，干完与干好有根本区别，但同样是干好，方法上依旧有不同。多动脑多思考，提高工作效率是教师应该多研究的问题。

其次是要看淡名利，教师的工作直接面对的是学生，平时的管理都是从细处入手，长期的习惯造成了教师太看重细节的性格。包括人为评定的各种荣誉、领导的一句评价、在工资等问题上的差别等等，所有压力的根源就是教师过分看重的东西与现实分配价值的不符，在得失面前才会心理不平衡。一直认为一句话说得很宿命但是却很实际："如果我们改变不了世界，那么就改变我们自己。"这并不是要教师消极的对待工作，而是告诉教师，做教师该做的事，只要问心无愧，何必被表面的荣誉所累。

最后，教师要与同事建立起良好的人际关系。遵循尊重、理解、接纳的人际交往原则。也要处理好师生关系及与学校领导的关系和学生家长的关系。在一个和睦团结的集体中工作，是幸福而轻松的。并且在看到别人优点的时候给予真诚的表扬，看到别人困难的时候及时伸出援助之手，就一定会得到别人回赠的微笑。

一个良好的工作环境、和谐的人际关系、积极却又平和的心态，能最大限度避免教师心理压力的形成。也只有教师身心健康，拥有积极乐观的心态，充满对工作和生活的激情，才能影响身边的人，才能给同事和学生以积极的带动，共创和谐文明的校园

第六节　教师的身体健康

教师是个特殊的职业，脑力劳动与体力劳动的双重负荷，导致教师普遍健康状况较差，生理与心理的压力又加速了职业病的发生。据调查，我国教师平均寿命 59.3 岁，比全国人均寿命低 10 多岁。另一项调查显示，教师群体中健康者占 10%，亚健康占 70%，疾病状态占 20%，并且教师的健康状况呈逐年下降趋势。很多教师在工作 10 年后，各种疾病便会频繁光顾。身体健康的下降，直接影响着个人生活的幸福和工作效率的提高。教师在投身工作、关爱学生的同时，也该多关注一下自己的健康。只有身体健康了，才有资格继

续做一个合格的劳动者，才能继续完成教育事业赋予我们的使命。

慢性咽喉炎

这是教师长期用嗓的结果，教师的职业特点之一就是用语言来启发学生传授知识，嗓子过于频繁的使用，导致声带受损形成病变。粉笔灰的吸入也是教师咽喉炎的主要病因，个别教师是因为过敏、吸烟、上呼吸道感染等患病。往往在教师有咽喉炎症状后，由于工作的需要，不能让咽喉得到充足的休息，反而继续用嗓，致使慢性咽炎的形成，给生活和工作带来了不便。

患上慢性咽喉言之后，多表现为声音嘶哑、喉咙痛、干燥有异物感。

为了避免患上慢性咽喉炎，要注意几个事项：

1. 科学用嗓，尽量使用腹式呼吸。

2. 讲课时音量要控制好，避免太大声或急切地说话。

3. 多喝水，适当含一些润喉片。

4. 吃饭时注意少食刺激性较强的食物，如辣椒等；也要少吃含糖量过高的食物，多摄取一些清肺养阴、化痰散结的食物，多吃一些富含维生素的蔬菜。

5. 多做运动增强体质，增大肺活量，如多跑步、打球等。

6. 保证充足的睡眠和休息，尤其在课间，尽量少说话。

7. 注意天气变化，别受凉，减少感冒和上呼吸道感染机会。

8. 不要抽烟喝酒，减少对咽喉的刺激。

9. 对于急性发作者，可适当运用抗生素及激素治疗。

静脉曲张

教师授课过程要长时间站立，一般一次要站立 1 小时左右，课时多的教师站立的时间更久，造成下肢静脉内的血柱形成静脉内的压力，使静脉血不易向心脏回流，而向足部倒流，引起下肢静脉本身扩张、延长或静脉瓣膜损坏以至发病。导致下肢静脉曲张。

患上静脉曲张的教师会感觉到双腿酸胀，下肢静脉犹如蚯蚓状弯曲或结节成团，皮肤发紫，特别是踝和小腿内侧更为严重。此外，还可出现皮疹和瘙痒感，严重时可导致曲张静脉破裂。

预防静脉曲张的下列注意事项教师不可忽视：

授课时，教师不要把重心全放在双腿上，最好两腿轮流作为身体的主要支撑，始终保证一只脚处在休息状态，并可慢步走动。

要充分利用课间休息时间活动双腿，在医生的指导下做必要的腿部按摩，促进血液循环。

多做一些适宜的运动，如：游泳、慢跑、关节屈伸活动、双腿上下摆动或蹬夹练习也是预防静脉曲张的便捷办法，这些动作在平时就可以随时锻炼。

每天晚上用热水烫脚，注意千万不要用冷水，热水烫脚的时间以半小时为宜，并且要不断添水保持水温。

用外界压迫来减少静脉逆流和淤血现象。比如穿弹性袜或利用弹性绷带等（压力为二三十毫米汞柱）。

卧床休息时有意识地抬高患肢，也可在医生的指导下做专门的静脉操。

颈椎、腰椎疾病

教师的头部、颈部长期保持一个姿势，容易引起颈椎、腰椎疾病。一是教师长期伏案工作，备课、批改作业的时间过长，导致颈部肌肉紧张，造成颈部肌肉和韧带的损伤，从而患上颈椎病。而长时间的坐姿不变，对腰椎形成了很大压力，长此以往腰椎病也会有所显现。另一原因是教师在书写板书时头部后仰或偏向一边，致使局部负担过重，对这些部位便造成了伤害。

腰酸背痛、头部眩晕昏沉是常见症状。

预防治疗的措施有以下几点：

尽量保持坐姿自然端正，保持板书姿势端正，中间要适当休息，做些扩展胸部、转头、扭动腰肢、活动四肢等运动。

在医生的指导下做冷敷和医疗体操、按摩。

胃肠道疾病

许多教师都患有胃肠道疾病，尤其以胃病最为普遍，平时工作压力大，精神高度紧张，致使食欲不振、饮食没规律，患上消化性溃疡也就不足为奇了。胃肠功能紊乱主要由于饮食不规律造成的，胃疼、胃酸、胃胀是通常现象，有研究发现，教师的胃病患病率为15% ~ 25%。

治疗方法除了药物治疗外，还需要适当调养。

定时定量吃饭，多吃含维生素丰富的食物和有利于消化的食物，少吃过冷过热过于辛辣的食物。

避免过度劳累，多做运动，增强抵抗力，强壮体质。

放松精神、调节身心，乐观地看待工作和生活。

脑力疲劳

教师因长期用脑，大脑经常会有疲劳感，这是因为劳累而引起的脑部血液和氧气供应不足。主要表现为头晕目眩、食欲不振、脱发、记忆力下降、注意力不能集中、身体综合素质下降等。

脑力疲劳致使总体健康下降，缓解的方法有：

1. 营养供给要充分。

2. 保证充足的睡眠。

3. 每天都要有适量的运动，保证半小时左右。每周散步 3～4 次，每次 30～45 分钟。

4. 多梳头多按摩，增进头部血液循环。

5. 工作时注意按时休息一会儿。

6. 深呼吸补充大脑所需要的氧，每次保证在 5～10 分钟。

教师的工作多静少动，周而复始的备课、上课、批改作业，忙碌而紧张，许多疾病不知不觉就已经植入了身体，除了上述几项，还容易患上痔疮、脂肪肝、慢性鼻炎等。健康是工作的资本，教师应该及时调节身心，在埋头工作之余注意营养，多做运动，只有身体健康的教师，才更有精力和体力钻研探讨，继续担负起培养人才的责任。

第六章　如何把经验变为成果

　　教育经验指的是教师在教育实践中获得的教育方面的知识和技能。教师在教学实践过程中，对教学的各个方面都会有一些体会和感悟，对其中某一方面进行回顾、分析、研究、归纳的过程就是教育经验提炼的过程。回顾教育实践的整个过程，分析概括实践中的典型现象，研究蕴含其中的规律和道理，归纳总结教育经验，并把其中成型的经验有条理地用文字表述出来，便形成一种实用文体，成为属于教师本人的教育方面的经验论文，有的便成为科研成果，这是教师在课堂教学外的又一收获。

第一节　教育经验的提炼和验证

　　教育经验是教师积累的有关教育的知识和技能，把对经验的表面描述上升为对教育教学规律的研究，是一个科研型教师必备的素质。所以教师要重视教学经验提炼总结的科学性，要学会运用科学的、规范的研究方法，提高经验的理论水平，才能更好地指导教育教学实践，发挥先进经验应有的作用。

　　教育经验的提炼和验证过程比较自由，不受时间、地点的限制。对于教师来说，教育经验提炼的过程，就是把实践经验上升到理论高度的过程，也是教师由感性认识转化为理性认识的提高过程。要善于对自己的教学过程检索、审视、记录，以发挥经验的应有价值。

教育经验的提炼

1. 提炼教育经验要注意对经验的全面考察

个人的教育经验在长期的工作中，以多角度、多层面的复杂交汇状存在。如果对这些经验不进行全面考察、系统了解，势必导致经验提炼的片面性。在提炼之前，教师要对以往经验进行综合性的回顾，对教育的外部联系和内在结构做一充分了解，还要研究各层面之间的关联与制约等关系，只有放眼全体，才能把握主干。虽然是全面的考察，但最终为了去伪存真，在认真区分现象和本质之后，引出符合客观规律的结论。这时提取的经验少而精，才是先进的经验。

2. 提炼教育经验要注意科学性

教育经验是教师实际教学中的经验，由此进行经验提炼和总结，不是虚妄的空中楼阁，是依据实际提炼出的经验精华。所以它科学地反应了客观实际。它的理论部分恰恰是对客观规律的本质的揭示，是探求新知的过程，最终得到的成果，被认同为科研成果。最好在提炼过程中有一些理论依据，不是简单的就事论事，把经验的提炼归结在科学规律上，使所提炼的经验有科学的指导和教育理论的支撑，经验的提炼建立在科学基础上，提高了个人的经验总结水平，使提炼的教育经验更可信，更有说服力。

3. 要利用教育经验的回溯性

教育经验是在教育实践活动到某一阶段才形成的内在经验，当我们把这些知识和经验提炼出来的时候，其实是一种回溯行为。因

为经验已经形成，实践的感性认识并未系统化、明确化，提炼的过程对教学现状并不采取措施，只是对已经形成的保留在头脑中的模糊理性知识具体理想化。因此，它只是经验已经基本形成后的一种回顾和总结。总结出来的科学的、理性的结论，便成为新鲜的、有价值的经验。对今后的工作具有指导作用。因此，在提炼经验当中，一定要充分地回忆具体情况，然后才能删繁就简，取其精华。

4. 关注教育经验的普遍性

没有普遍意义的教学理论一定是不能广泛推广的，因为不能广泛推广，也必定失去它传播的价值和意义。具有价值的经验，要经得起时间的检验，在一定时期内，它都不会失去存在的意义。经验提炼时要关注普遍性问题，看看它对今后的工作有没有广泛的指导意义。如果只是个案现象，提炼的意义就差多了。

5. 保证提炼的教育经验具有新颖性

经验之所以成为有价值的理论，除了它能指导我们的教学工作，还在于它独特的新颖性。人人都知道的经验是一种常识，不一定是学术。有价值的经验，必定经过精心地提炼，只有在观点、形式、方法等方面有与众不同之处，才能引起同仁的关注。因为自身的新颖性，才能在实践中被试用，才能指导目前的工作以期取得良好的教学效果，才具有被广泛借鉴的意义。

教育经验的验证

1. 不能忽视教育经验的实践性

教育经验具有实践性是最基本的要求，教育经验的来源是实践，从实践中来是为了回到实践中去，这便是验证的范畴。任何理论都是一边实践一边探索的，先进经验的推广，其实是个再认识、再实践的过程，它所提出的问题对于教育现状有很强的针对性，或对教育工作起到良好的指导作用，或对教育领域内长期难以解决的问题提供了具体的途径和方法。因此也只有把理论放入实践，才能检验理论的真正价值，而不具实践性的经验，最终不会推广。

2. 教育经验的验证要遵循实事求是的原则

教育经验放到实践中去验证，经验的效果一定要实事求是，通过客观分析，得到相关的数据。其中绝不能人为的夸张和主观推测，而要根据客观事实，判断教育经验的正确性和可推广性，才能增加可信度。而且经验理论的验证要放在具体实践当中，在不同地区经验运用仍然取得好的成效，才能证明经验的可贵价值。

3. 不能忽视教育经验的稳定性和发展性

在经验相对稳定的前提下，还要明确教育经验的发展性。没有一种理论是一成不变的，随着时代的发展，教育出现多元化，社会环境与学生也在发生着变化，而教育经验应该符合唯物主义发展观，实践、认识、再实践、再认识，符合社会发展的一般规律。经验也应该随着时代的变迁不断填充新的意义，使其具有时代的色彩。在验证过程中，要辩证地看待问题，要以发展的眼光评判教育经验的优劣。

4. 教育经验的验证不能忽视其推广性

教育经验的验证的一种形式是通过个人在实践中的再利用，另一种重要形式就是通过推广在更广泛的范围内应用。当经验被提炼之后，常常以书面文字、音像制品等形式存在，推广的途径多是教育行政部门、各专业研究团体等主办的学术交流会。也有的是通过

报刊电台等传媒单位代为宣传。不管哪种形式，都是为了扩大影响，促进先进经验的传播与实施，在实施的过程中，经验的验证工作便在广大范围内开展起来。也只有这种广泛的推广，才能回馈更具体、更细节的应用中的问题，以督促教育经验的改进，并作为前车之鉴，指导今后的教育经验提炼工作。

教育经验的提炼与验证的现实意义

1. 丰富教育理论，指导教学工作

一切的教育理论都应该来源于实践，而教师对教学实践的提炼总结，也可以归纳出具有指导意义的理论。只有认真地把自己的经验加以总结，并达到理论高度，才能更广泛地指导教学行为。反之还可以通过对教育实践的分析概括，验证客观规律和教育理论。只有教师不断的回顾总结，才能使个人经验变为集体经验，指导自己的教学工作，也给予他人理论的借鉴。从而形成良好的反思习惯，提高对客观规律分析的自觉性，对科学理论认识的全面性。

2. 是教师再学习的过程。

通过对教育经验的反思、分析和整理，教师会从中发现自己的优点和不足之处，便于及时查漏补缺，对于一些尚不明确的问题，或是查阅资料，或是向同事请教，都使自身的专业素质得到了提高。

3. 是教师间相互促进的过程。

提炼教育经验的过程，是自身的素质的提高。但是通过问题探讨、经验交流，对所参与的教师都是一个促进的过程。只有个人的素质得到提高，才能促进教育的整体进步。只有整体教学水平的提高，才能为个人施展才华提供舞台。

4. 提高了教师的教育科研水平。

在中外教育史上，有许多教育家的著述，都是通过总结、借鉴前人的经验，探索教育的客观规律，对自己的教育经验总结。这些经验不但有助于自己的教育工作，还对教育事业的发展产生了深远的影响，推动了人类文化教育事业的进步。不少教师也在教学实践中积累了丰富而鲜活的经验，对个人经验的提炼和总结，既丰富了自己的感性认识，又为理论学习找到了出口，是自我提高的一个重要途径。教师立足学生实际，还原教育的真实面目，教师在教研、教改的大潮中，锻炼了洞察事物内部规律的能力，提高了理论联系实际的能力。在科研水平不断提高的喜悦中，形成自己的理论体系。

作为一名教育工作者，应该做生活和工作的有心人，既要做一名教育教学工作的实施者，又要成为教育科研的参与者。只要及时回顾提炼自己的教育经验，就会积累起丰富的教学实践材料，理论的提炼与验证，又能提高教师的教育素养和教育教学水平，进而掌握教学工作的主动权，真正成为学者型教师。

第二节　教育实验的设计、实施和评价

教育实验是指教育者根据一定的目的和计划，在人为干预的条件下，对研究对象施加可操纵性的教育影响，从而验证假设，推断所施加的教育同教育效果之间的因果关系的一种研究方法。它的灵感来源于自然科学实验，又不同于自然科学实验，是一种特殊的教育科研实验活动。

教育实验研究的特点

1. 研究者可以人为地控制实验变量

研究者即教育者，他又是教育实验中的实验者，他负责实验的设计、组织、实施。实验研究的特点，就是研究者可以根据具体情况，人为地控制实验的变量。控制变量的目的是促进某些实验事件的生成，便于跟踪描述教育过程中的因果关系。教育规律在有序进行的情况下才能顺利被研究者发现总结。

2. 教育实验在真实的社会环境中进行

教育实验不同于自然科学实验。后者多在实验室中完成研究工作，而教育实验的实际环境主要在学校，实验条件控制得越严格，实验效果的真实性越差，样本的选择地点、家庭背景等情况都是实验对象选择时应该考虑的问题。所以在社会环境中进行的教育实验，需要研究者的精心设计。

3. 研究者可以综合运用多种方法帮助完成实验

实验的过程不排斥其他研究方法的介入，多种研究方法的综合应用，使研究结果顺利生成，更有利于研究者对研究对象多方面情况全面详细的了解。

4. 实验过程有可重复性

实验的同一特点是可重复性，教育实验也不例外。所不同的是，教育实验在自然条件下遇到某些情况或结论，有其独特性，但是可以得到同一形态下多次出现的教育事实，因此研究者可以在相对同一的条件下，反复重复原来的实验。

教育实验研究的类型

确认性实验：通过实验收集事实材料，确认所研究的对象是否具有研究假说内容的基本特征，并推动教育实践的发展。

探索性实验：包括有预测作用的超前实验，是以探索某种教育现象以及受教育者个性发展的规律为目标，通过探索研究对象的因果关系及问题解决，尝试建构某种理论体系，具有较强的创新性。

单组实验：对一组研究对象施加某一个或数个实验因子，然后测验所产生的一种或几种变化，以确定因子的效果如何。

等组实验：以不同的实验因子分别实施与两个或几个教学条件基本相等的组，比较产生的变化，得到比较科学的结论。

自然实验：在实际教学过程中，按照实验的目的，适当地控制、变更某些条件，以便观察和测试研究对象发生的变化。

验证性实验：以验证取得的实验成果为目标，用再实践的经验对已取得的认识、成果进行检验、修正和完善。

教育实验的设计与实施

确定自变量的操作原则、方法、实施程序。

在该实验中，研究者需要对自变量进行明确的设定，并且对自变量的不同种类予以明确要求，细致制定出具体实施程序，在反复斟酌后，认真研究调整，自变量的设置是教育实验实施的第一步，一旦确定实施，就不易更改，因此，自变量的确定工作一定要科学慎重。

规定实验对象的选择原则、分组方法、实施程序。

实验对象的分组要酌情考虑，分组涉及样本和误差问题。被实验群体容量越大，研究者越不容易控制，但是真实性越强，而被实验者容量越小，研究者越容易控制，但是真实性越差。

制定无关变量的控制原则、方法、实施程序。

无关变量对实验效果也会产生很大影响，控制的方法有消除法、恒定法、抵消法、随机法等。制定时条件要考虑全面，才能做到最大限度减少无关变量对实验的干扰。

制定阶段性目标，及其相关的评价标准和方法。

一个完整的实验有一定的时间跨度，研究者不能在中间过程坐等结果，最好设计阶段性目标，几步走的经验同样可以应用到我们的教育实验中。评价标准和方法的制定使实验者有明确的目标，有的放矢才驾轻就熟。

提出因变量的观测和设计。

在操纵自变量的过程中，对因变量的观测和设计是必要的工作，因为因变量是自变量的指向，了解自变量是否对因变量发生作用关乎实验的成败，因此观测因变量是教育实验成效的一个关键点。因变量的观测和设计不容忽视。

另外还要确定实验材料的积累方法和实验数据的收集整理方案。制定实验管理的相关计划和制度。安排实验进程和经费使用的初步方案等。

教育实验研究的评价

教育实验研究的评价分为三个维度，即：目标评价、过程评价、结果评价。

1. 对教育实验研究目标的评价

目标评价是指对教育实验的选题价值的衡量与评判，教育实验的选题要求具体明确，并且具有可操作性，要能够通过教育实验来加以检验证明。

2. 对教育实验研究过程的评价

为了促进学生的学习和发展，评价伴随教学过程当中，教育实验的过程评价是指在实现目标的过程中实验对象的状态。对评价对象、自变量的划分、因变量的设定、无关变量的控制等方面，尽可能达到科学的评价要求。而且要根据教学目标，结合阶段性目标的特点进行，不同阶段，评价的着力点是不同的，但是要注意多给学生机会，促进实验结果的最大可能性。

3. 对教育实验研究结果的评价

对教育实验研究结果的评价指的是对教育实验目标达成度的价值判断。如果结果正如预期，证明因变量的真理性，如果与预期背离，证明被测真理还需进一步修整与完善。

教育实验研究是教育教学领域的实践活动，是检验教学理论的有效途径，教育实验研究不仅在实验过程中为教师提供了可信赖的信息，而且对现代教育教学理论进行了检测、筛选、提炼、发展和完善。实践是检验真理的唯一途径，教育实验正是利用实践的方式确认了真理，对教育教学质量的提高起到了促进作用。并且，教育实验是一种全新的教育研究方法，它为真理的检验提供了一整套操作程序，为教师理论联系实际提供了成功示范，并在检测与完善中，促进了课程改革的深化发展。

第三节　如何撰写教学反思

教学反思是教师对自己或他人在教学过程中的成功、失误、思想、行为等进行思考总结的行为，反思行为涉及情境的回放、问题的发现、认真的思考、严肃的批判、客观的总结等多方面内容。反思对象即是自己的教学实践过程，也可以是自己见证的他人有关教学的行为，因此是对自己及他人行为进行的审视和分析。叶澜教授说："一个教师写一辈子教案难以成为名师，但如果写三年反思则有可能成为名师。"可见，撰写教学反思的重要性。

反思时，自己所站立场最好是超我的存在，跳出事件进行时的本我的感受，从物外的角度重新审视事件本身，得出解决问题的方案或者得出教学规律性的结论。

教学反思的类别

美国教育家布鲁巴赫等人认为反思性教育教学实践可分为三类：

一是"对实践的反思"，是指反思发生在教育教学实践之后；

二是"实践中反思"，指的是反思发生在实践的过程中；

三是"为实践反思"，则是前两种反思的预期结果。

一般情况下，反思是事件结束后的反省，但是我们要遵循及时反思的原则，这对我们的行为更具有指导意义。其中"实践中反思"与"为实践反思"就属于超前性反思，它能批判性地重建课堂教学的过程，使教师对自己的课堂更有预见性。而"对实践的反思"则是补充今后教学工作的丰富养分。

教学反思的层面

1. 关于教材使用的反思

教材是教学实施所使用的材料，教师对教材要有透彻的了解，首先看教学目标的制定是否反应了知识、能力、情感态度与价值观这三维目标。教育发展到今天，对学生的教育已经不单停留在知识的传授上，更注重能力的培养和丰富的情感体验。学生是教师为未来培养的人才，未来需要的是全面发展的人才，而不是书呆子，所以教师的教学就该着重三维目标的相互关联和渗透，并有机融合在教学过程当中，成为课堂教学的灵魂。

其次是对教材的知识点的把握要准，对教材的深度分析要到位。教师不是讲教材，是利用教材培养学生能力，所以用哪个知识点才能达到目标？教材还可以进行怎样的深度分析？怎样才不是死用教材而是创造性地应用教材？这些都是教师应该认真反思之处。只有正确地掌握了各个层面之间的关系，才能使课堂效率最大化。

2. 授课过程的反思

授课过程是教学活动最主要的环节，教学目标的出示、教学方法的选择、教学过程的设计、重难点的突破、学生学习积极性的调动等等，都在教师反思之后趋于完美。授课过程关乎学生的学习效果，在授课过程中，教师一定要注意与学生沟通，只有沟通，才避免满堂灌的传统教学模式的弊端。沟通是教师课堂上的必备行为，教师所讲授的内容学生到底接受了多少，要通过沟通来了解。学生学习的积极性也需要师生间的沟通来调动。现代课堂需要活跃的课堂，也需要有效的课堂，把课堂怎样交还给学生？怎样引导学生思考？这都需要教师具有过硬的专业素质和勤奋的探求精神。反思在课堂之后，智慧蕴于设计当中。

3. 关于课下交流的反思

除了课上的讲授，课下的交流不但可以对学生所学知识进行检查或巩固，还可以对学生进行思想教育，跟踪学生的心理发展。因此，教师要静下心来认真反思课下行为哪里值得推广，哪里需要改进。学困生的鼓励更多的是在课下进行，给予学生功课方面的指导，通过谈心帮助他们树立起信心。和优等生交流，帮助他们制定加压计划。和中等生交流，鼓起他们比学赶帮超的热情。不管哪种方式的交流，教师都该及时反思，做到对待学生不讽刺、不挖苦、不冷淡、不漠视。积极发挥课下的交流作用，帮助学生取得更大进步。

撰写教学反思的选材

在每天纷繁的工作当中，似乎处处都能引发反思，可是哪些有书写价值却值得教师反复推敲。

1. 记录成功的经验

一项新颖的教学设计、一个新鲜的提问形式、一组创新的教学方法、一次巧妙的问题点拨……都可以为自己的教学增添光彩。之后教师就可以认真思考，自己成功的点在哪里，这种教学方式与以前的有什么不同，今后这点怎样被借鉴等。

2. 记录失败的原因

教师应养成良好的反思习惯，在教学行为完成后，应该反思是否有什么疏漏之处，看看失误的原因在哪里，然后探究解决问题的办法，在此基础上查漏补缺，吸取教训，避免以后类似情况的发生。

3. 记录灵感的闪现

在教师实际教学过程中，经常思想迸发出智慧的火花，灵感是稍纵即逝的，是不可预期的，所以这些意外的收获，经常被教师记录在案，成为不错的教学反思。

4. 记录规律性思考

教育教学过程中有许多都是规律性的问题，比如课题的引入、问题的出示方法、三维目标的达成、板书的设计方式、学生动手动脑的科学依据等等。所以一定时期以后，教师对自己的教育经验做一归纳总结，能更好地改进完善自己的工作。

5. 记录感动之处

学生有时会给教师意外的惊喜，比如写在黑板上的一句祝福、放在讲台上的一杯热茶、为灾区组织的捐款、运动会上的奋力拼搏……在这些学生自发的行动里，蕴含着教师平时的悉心教导。在教师感动之余，不妨反思一下，怎样的思想教育最符合学生的接受方式？怎样的心理教育更符合学生的年龄特点？怎样的教师行为对学生形成良好的示范作用等等。

6. 记录学生的应变

教师的教学过程时刻不要放松对学生的观察，针对自己的教学，不同学生有怎样的接受能力？哪些问题容易和学生碰撞出心灵的火花？学生有哪些独到的见解？在哪项活动中学生有怎样出色的表现等等，都可以当成撰写反思的素材。

7. 记录旁观者的感受

当自己不是行为的主体，而是作为旁观者时，依然可以撰写反思。比如当一位教师旁观了家长打骂孩子的过程，或者看到别的老

师对学生问题的解决方式等。只要触发了感想，能提炼出对教学有帮助的指导性意见或者深受的启发，都可以形成自己的反思素材。

教学反思的形式

教学反思的形式大致可以分为两种：

第一种较简单，教学反思的表达一般采用的是"叙事＋议论"的方式。议论部分要充分，深入分析事件本身，还要有自己的思考见解。

第二种是"教学实例＋得失分析＋理性思考"，重点是理性思考，思考的内容应该涉及一些有建树的问题，并具有普遍的指导意义。

因为反思的主要特点是选材涉及的问题少，内容较单纯，所以篇幅较短，结构也很简单，写作格式更没有统一规定，只要表述清楚即可。但是因为是教学反思，教师是反思的主体，所以一般要求以第一人称叙述。

教学反思的撰写方式

1. 课后完善教案

根据课前教案去上课，课后，对课堂情况进行反思总结。明确这一课的成功之处、不足之处、新的教学设想、进一步改进措施、经验的提炼和升华等。根据反思的这些情况，对已形成的教案进行修改和完善。

2. 及时写反思日记

在每一天工作结束之后，教师应该养成反思的好习惯。自己的课堂教学、与同事对教学探讨的心得、教学中存在的问题、学生对课堂的反馈等，都是良好的反思素材。之后以日记的形式记录，天长日久，教师的积累一定会对自己的教学有很大的促进作用。同时为将来的教学论文的撰写或教育科研的开展，做了充分的准备。

3. 参加听课、评课活动

各学校都制定了教师听课制度，学科组之间或者跨科之间都可以进行相互听课，看别人对课堂的驾驭对自己是个提高的过程，一是学科间知识的交流或整合；一是深入其他教师课堂一定从中受到启发，即使看到了对方的不足，在自己评价指出的过程中，同时也是自身水平提高的过程。

4. 增加对外交流

学校可以聘请教研室领导来校听课、评课，或者参加上级统一组织的观摩课活动。专家给出的意见往往代表了先进的教学理念，这是教师增长知识的极好机会。

5. 开展行动研究

为了及时对教育教学实践进行探索和改革，还可以采用行动研究这种方式，教师设计出具体的行动方案，直接作用于教育教学活动，如实反映问题，揭示问题的实质。

撰写教学反思的步骤

1. 发现问题

教学当中的许多因素都是问题的源泉，教师可以从学校管理、课程安排、学生特点、教师素质、家长层次等多方面收集材料，可以用问卷法、座谈法、记录法、回忆法、录音法等多种手段对材料

进行收集整理。

2. 分析问题

问题的采集是取样过程，有了问题之后就要从角度进行研究，不但个人要用批判的眼光审视自己的思想、行为、信念、情感、态度等，还要大量阅读相关资料，并与同事进行探讨，多方面力量的利用，一定对问题有一个全面客观的了解。

3. 确立假设

这是对相关信息筛选的过程，搜寻那些有用的信息，组建起整体思路，确定假设性方案，从多角度指向问题的核心，分析删节后形成相对于这个问题的知识体系，以建立解决选定问题的假设性方案的相关解决方法，形成教师新的思路的雏形。

4. 验证假设

预设的解决问题的行为效果，还需经过验证的过程，教师以假设性方案为蓝本，开始实践解决问题的步骤，在检验过程中，会出现新的问题和经验，教师再次经过反思、分析、总结的认知循环，从而形成新的需要解决的问题。螺旋状上升之后，教师从反思中得到成长。

撰写教学反思的作用

1. 优化课堂教学

教师的工作的主阵地就是课堂，所以教师对课堂的反思尤其重要，包括教师备课、上课教材的利用、课上气氛的调节、学生接受能力的反馈、课堂突发事件的处理、课上作业的处理、课下作业的预留等问题。对成功之处的反思，是今后工作的借鉴；对失误之处的反思，能指导问题的改正。教学反思的撰写可以探索教材内容的有效利用，构建师生互动机制，对教法有崭新的探讨。

2. 提高教师的个人专业素质

反思是教师寻求进步的有效途径，美国学者波斯纳提出的教师成长的规律是"经验＋反思＝成长"。这个公式明确了教师成长的必备条件。其实经验与反思并不矛盾，对已有教学经验的反思触发新的经验的生产，而越有经验的教师，越能在自己的实际工作中有效地反思。从某种意义上说，教师的反思能力体现着教师的职业悟性。反思能力越强，教师的实践掌控能力、在工作中开展科研能力会就越强。善于反思的教师，是思想的驾驭者，这样的教师能够积极地投身到教育教学中去，并能及时发现问题、改正问题，主动性和创造性都对他们的事业有重要帮助。因此，养成良好的反思习惯，是走向成功的第一步。

3. 促进教师队伍整体水平的提高

教师撰写教学反思，是对自己教学经验的描述。当经验被推广后，促进了教师之间经验的交流与探讨，更多的问题和见解，在分析、讨论、研究、矫正的过程中，得到了许多人的关注，共同解决问题是相互学习的过程，使更多的教师参与了资源共享，并在今后的教育教学中加以实践检验，促进了教师队伍整体教学水平的提高。

教学反思的写法灵活多样，是教师们极易完成的教学研究形式，它要求教师在平时工作中多思考、多质疑，不断对自己的教学行为进行反思，提高自己的理论实践水平。

撰写教学反思的过程又是教师再学习的过程，我们不但要在教学中反思，还要在学习中反思，不但自己反思，还要多学习别人的

反思。也只有做到学而不厌，诲人不倦，才能及时改进教学实践中的疏漏，逐步提高自身业务素质。当我们能够主动地将反思作为一种习惯，而纳入到平时的教学活动中时，我们就成为一名自觉的有效的反思者，也就能够使自己在具体工作中做到举重若轻了。

第四节　如何撰写教育教学论文

教育教学论文是对教育教学进行探讨、研究后，所取得理论成果的文章，是科研文体中重要的一种。教育教学论文基本分为两部分内容：一是指在学科领域中的探求和研究；一是指探求研究的成果的表述。教师在完成自己的课堂教学任务后，还应积极地撰写教育教学论文。

撰写教育教学论文的意义

1. 教育体制改革整体深入的要求

随着政治体制改革和教育体制改革的整体深入，教育的内部环境发生了巨大变化，这对教师也是一个全新的挑战。教师不能再局限于自身的基本能力，而是要不断学习，用理论知识来武装自己的头脑。同时把理论与实际融会贯通，根据自身实际，写出有价值的教育教学论文。

2. 提升自身业务素质的需要

撰写教育教学论文，不仅是时代的要求，还能促进自身教育科研水平的提高。在撰写的过程中，必定要查阅大量资料，必定要与教师们交流，这都是提升自身科研水平的机会。当论文完成后，反馈回来的意见多是针对教师选材能力、研究能力、理论水平、表述能力等方面的意见，认真研究这些意见，是教师再提高的过程。

3. 提高教学质量的需要

只有具有丰富教学经验，又有过硬理论知识作为指导，这样的教师在工作当中才能做到游刃有余。才能针对不同学生的不同情况，科学地分析问题、解决问题，以使教学质量稳步提高。

论文课题的选择

1. 符合时代要求，促进教育发展

研究的课题一定要站在时代的高度，具有时代意义的选题才更有价值。教育科研的目的就是为了促进教育事业的发展，如果所选题目没有时代性，就违背了推进科研工作的目的。因此，教师要有时代感，要密切关注教育改革的发展动向，洞悉教育改革中出现的问题，当对亟待解决的问题提出恰当可行的策略时，便对我国的教育改革起到了推波助澜的作用。

2. 课题的提出要有一定依据

课题的提出要科学，要以教育学基本原理为基础，符合我国教育的当前形式，符合学生的实际情况。盲目选题必定造成起点低的弊病，而题目的选择又关系到整个论文的层次。所以，论文题目对全篇有一个定向和规范的作用，科学的选题已经在动笔之初就明确了指导思想和研究方法，因此说，好的选题是成功的一半。

3. 选择自己熟悉的方面

熟悉的层面更有利于教师的实践研究，从个人的工作实际出发，对自己了解的层面深入分析，哪些地方更具有研究价值，哪些是已

有经验，哪些是需要进一步探索的层面，哪些研究采取什么样的研究方法，哪些地方研究起来更有把握等。对这些有了总体性的了解，既有助于课题的正确选择，又便于课题的深入探讨。

4. 选择自己兴趣浓厚的题目

兴趣是最好的老师，不但适用于学生，同时也适用于我们自己。对课题有浓厚的兴趣，是教师研究的又一动力。教师面对研究的难题时，会积极主动地探索研究，使研究既成为快乐的学习，又成为一种行为的自觉。

5. 选择课题要注意客观条件

主要是资料情况，看看支持论题的材料在哪个范围，哪些是已经具备的，哪些是通过搜集整理能够获取的，哪些是可以随时添加的新鲜的。考虑齐全之后，再关注经费、设备、时间、人力等物质条件。

6. 课题要新颖

在众多课题中，如果是前人已经具体论证过的经验，要尽量避开。这样的课题很难再有广度和深度的发展。并且这些课题因其普遍已知性，不再是人们关注的热点，研究价值就大大减弱，除非自己在前人已有经验的基础上，有了新的突破。否则，尽量选择更有价值的课题。

7. 选择的课题要有明确界定

选择的题目要大小适中，过大的题目含糊笼统，流于片面和形式，导致研究结果大而空。研究的人无从下手，研读的人一头雾水。而过小的课题，因为研究范围的限制，启发性会受到影响，不能对普遍问题给予帮助，推广的价值不大。

论文的构思与设计

首先是收集资料。一是个人经验的回顾与总结；一是借鉴他人的成文经验。个人的经验存在于自己多年的感触当中，包括具体事例和经验的总结，这些便可以以论据或分论点的形式，作为本次写作的资料。而他人的经验要通过学习获得。学习时对资料的涉猎不但要注意资料的典型性和全面性，还要重点搜集那些能突破论题难点的知识。学习的途径是阅读相关文献资料、查阅有关理论依据。这些资料的收集充实了自己的理论知识，帮助自己掌握科学的研究方法，在他人的研究成果中，开拓了自己的思路，形成了自己对撰写教育论文的初步设想。

其次是制定行文结构。论文的一般结构为题目、署名、摘要、关键词、绪论、本论、结论、附录、参考文献。论文的主要结构为提出问题、分析问题、解决问题。次要部分为题目、署名、摘要、关键词、附录、参考文献等。

提出问题。这是论文的绪论部分，是概括中心论点的过程。它对通篇有一个总领的作用。常见的写法有几种：开门见山法、提示重点法、设问引思法、说古道今法等。

分析问题。这是论文的本论部分，是具体分析、论证论点的过程。分析问题的部分，要充分利用论据，论据和论点是证明和被证明的关系。还可以设置分论点的形式，对问题多角度、多层面的具体分析。

解决问题。这是论文的结论部分，是对全篇的结论性意见。在经过本论部分的具体论证之后，结论的生产是很自然而然的事。它

是在论证的基础上对文章的概括总结，并再次点出自己的观点。结论作为文章结尾，切忌拖泥带水，一定要精确有力。只有个别文章，结论部分已经蕴含在各层次当中，也可以文末不再赘述。

题目。题目是文章论点的初步体现，是对主题的提示。它或者揭示研究的问题，或者揭示研究的结论和研究范围，有时还可以看出研究的层次。读者可以根据题目大概了解文章内容，以确定是否继续读下去。题目所使用的语言要求简明、准确地点明文章论点，可以作为检索的依据。

摘要。摘要定义为：论文的内容不加注释和评论的简短陈述。一般比较短小，语言规范，结构较严谨，要求一个段落完成，控制在200字以内。它是对全篇文章的总体概括，包含通篇的主要信息，涉及研究目的、研究方法、研究成果等问题。

署名。个人署名一般在论文题目下面，如果是课题组集体成果的，可在正文后面列出课题参加者的名单。

参考文献。这是作者在撰写论文时，曾经借鉴、引用过的重要文章和著作。论文写好之后，要将这些文章或著作编目，附在论文后面。

论文撰写的步骤

1. 拟定写作提纲

拟定提纲是为了思路更明晰，使行文布局的基本构架初步成型。一般可以制定简单提纲。如有需要也可以制定详细提纲。

拟定提纲注意下列几项内容：

安排好论点与分论点之间的关系。分论点是分别对中心论点的阐释，它们以中心论点为核心，围绕着中心论点分层展开。结构要严谨，主次要分明，条理要清晰，要符合论述的逻辑关系。

安排好分论点之间的关系。分论点都是围绕中心论点展开，但各自又有其独立性和关联性，或者并列或者递进，要考虑分论点各自的特点和重量，在安排顺序上，是由浅入深，还是由主要到次要，都需要教师精心安排。

安排好论点与论据之间的关系。不管是论证论点还是论证分论点的论据，都要注意典型性和针对性，要能充分地对论点加以论证。在分析过程中要充分用事实、数据说话，这些都作为事实论据出现，每个论据都直指论点或分论点，起到有力的证明的作用。另外还要多运用一些理论依据来作为道理论据，他人的经验尤其是一些名家的经验，经过众多人长时间的验证，已经成为比较成熟的理论，引用理论来证明自己的观点，更具有说服力。教师可以把针对论点所准备的论据大致列出来，根据论证的需要，经过缜密的思考，勾画初步选定的论据，分别布置在所列分论点名下，去粗取精，以备使用。并及时补充新鲜有力的论据，以充实文章内容。

安排好论点与题目之间的关系。论点与题目一定要一致，所设论点是由题目给出的问题所引发，论点的提出是为了对这些问题进行解决，所以论点的拟定一定要准确地说明题目所涉及的问题，如果偏离了这个轨道，论证就毫无意义。

2. 动笔写作

一切准备工作就绪，就可以开始写作了。

首先涉及的是语言的运用，教育论文的语言一定要体现专业性，一些教育方面的专业属于不能认为改编或臆造。要体现议论文语言

的特点，要用事实材料说话，语言不啰唆、不过分修饰。做到通顺、简明、准确、规范。

其次是论点的阐明要鲜明、突出，不拖泥带水，能使读者很快领悟，语言一定要简明扼要，极具概括性，直接表明本文的观点，一般字数不宜过多，但是却要做到醒目。还要保证论点的同一性，不能中途转换、扩大或缩小。

再次是论据的表述要详略得当，支持主要观点的论据要详细，还可适当增加不同侧面、不同角度的论据，以使论证充分。对一般性分论点尽量用概括性语言，论据数量不能过多，一般以一事一议为原则。

最后还要注意论证过程中逻辑性的体现，不是论点与论据的简单黏合，而是通过论据与论点之间的辩证关系，论点的得出就有了必然性。一般采用归纳法、类别法、演绎法和反证法。论证过程是环环相扣的过程，切忌循环论证，而且事实论证与道理论证要有机结合。

3. 修改与定稿

论文完成后，一定进行认真细致地修改。包括对整体的把握和对细节的修改。大到论点的阐述、观点的论证、段落的划分、内容的多寡等。小到语病的修改、字词的正误、标点的选择。还可以把文章拿给其他人阅读，更能及时纠正自己习惯性的问题，和被忽略的错误。最后署名定稿。

撰写教育教学论文，是一名合格教师必定经历的进取之路，只有在教学过程中，深入开展教育教学研究，用教学理论武装头脑，才能促进个人由一名普通的教书匠向教学的研究者的转化，才能使教学工作成为智者智慧的工作，才能为我国教育事业作出更大的贡献。

小提示：教学论文排版的一般要求

一般用 word 编辑，存为 doc 格式。纸张选择 A4 纵向幅面，默认页边距，1.5 倍行间距。

具体文字要求如下：

标题：三号黑体，居中

署名：五号楷体，居中

内容摘要：四号黑体

具体内容：五号楷体（一般不超过 200 字），两端对齐

关键字：四号黑体

具体内容：五号楷体，两端对齐

正文：小四宋体，两端对齐

参考文献：四号黑体

具体内容：五号楷体，两端对齐

完成时间：小四宋体，右下

附录：中外教育名著推荐阅读80部

柏拉图《理想国》

昆体良《雄辩术原理》

夸美纽斯《大教学论》

约翰·洛克《教育漫话》

卢梭《爱弥儿——论教育》

蒙田《论对孩子的教育》

斯宾塞《教育论》

第斯多惠《德国教师培养指南》

裴斯泰洛齐《葛笃德如何教育她的子女》

赫尔巴特《普通教育学》

福禄培尔《人的教育》

亚米契斯《爱的教育》

蒙台梭利《童年的秘密》

阿兰《教育漫谈》

皮亚杰《教育科学与儿童心理学》

保尔·朗格朗《终身教育引论》

杜威《民主主义与教育》

罗素《教育与美好生活》

泰勒《课程与教学的基本原理》

赫胥黎《科学与教育》

爱伦·凯《儿童的世纪》

阿尔弗雷德·比纳《儿童学的新观念》

桑代克《教育心理学概论》

沛西·能《教育原理》

柯南特《今日美国中学》

加德纳《多元智能》

派纳《理解课程》

鲍里奇《有效教学方法》

劳拉·贝克《儿童发展》

小原国芳《全人教育论》

马卡连柯《教育诗》

巴班斯基《教学教育过程最优化》

阿莫纳什维利《学校无分数教育三部曲》

赞科夫《教学与发展》

乌申斯基《人是教育的对象》

维果茨基《思维和语言》

苏霍姆林斯基《帕夫雷什中学》

马克斯·范梅南《教学机智——教育智慧的意蕴》

阿尔弗雷德·阿德勒《儿童的人格教育》

布鲁纳《教育过程》

怀特海《教育的目的》

巴格莱《教育与新人》

惠特海默《创造性思维》

布卢姆《教育目标分类学》

雅斯贝尔斯《什么是教育》

斯金纳《沃尔登第二》

马斯洛《动机与人格》

舒尔茨《教育的经济价值》

埃德蒙·金《别国的学校和我们的学校》

尼尔《萨默希尔——激进的儿童教育方法》

斯腾伯格《超越 IQ——人类智力的三元理论》

内尔·诺丁斯《学会关心——教育的另一种模式》

做身边的研究
Zuo Shenbian De Yanjiu

戴尔·申克《学习理论：教育的视角》

毕尔肯比尔《学习，别听学校的》

托马斯·古德《透视课堂》

木村久一《早期教育与天才》

藤田英典《走出教育改革的误区》

孔子《论语》

孟子《孟子》

乐正克《学记》

颜之推《颜氏家训》

朱熹《四书章句集注》

蔡元培《蔡元培教育论著选》

陶行知《陶行知教育文集》

叶圣陶《叶圣陶教育文集》

朱永新《新教育之梦》

肖川《教育的理想与信念》

魏书生《教学工作漫谈》

李镇西《爱心与教育》

陈鹤琴《活教育与死教育》

叶澜《教师角色与教师发展新探》

朱慕菊《走进新课程：与课程实施者对话》

袁振国《教育新理念》

郑金洲《教师如何做研究》

黄济《教育哲学通论》

顾明远、孟繁华《国际教育新理念》

皮连生《学与教的心理学》

罗马俱乐部报告《学无止境》

联合国报告《学会生存——教育世界的今天和明天》

联合国报告《教育——财富蕴藏其中》